GEORG QUEDENS

AMRUM

BREKLUMER VERLAG

4. Auflage 1975

Fotos vom Verfasser
Gesamtherstellung: Breklumer Druckerei Manfred Siegel
Printed in Germany
ISBN 3 7793 1110 0

Inhalt

Vorwort

Amrum wurde im Jahre 1890 Seebad. Kein anderes Ereignis in der Inselgeschichte hat so nachhaltig in die Insel hineingewirkt und das Leben und die Landschaft so verändert, wie es die Gründung der Seebäder und der Fremdenverkehr taten.

Ein ganz neuer Ort, das heutige Wittdün, entstand auf der unbesiedelten Amrumer Südspitze. Fremdartige Hotelkolosse wuchsen hier in kurzer Zeit aus den Dünen. Und fremdartig waren auch die Seehospize bei Norddorf, schließlich auch die Pensionen, die sich viele Insulaner für den Fremdenverkehr erbauten, so daß der reine Friesendorf-Charakter verlorenging. Schiffslinien und eine Inselbahn erschlossen Amrum dem Verkehr, und durch die Berührung der Insulaner mit den Kurgästen wurde manche Eigenart des bisher unberührten Insellebens verdrängt. Die Einheirat von Saisonpersonal führte schließlich zu einem durchgreifenden Wandel der Bevölkerungsstruktur.

»Amrum wurde aus dem Dornröschenschlaf geweckt«, formulierte ein Chronist jener Zeit. Die Amrumer Gemeindevertretung hatte sich zunächst gegen den Fremdenverkehr und seine unvermeidlichen Folgen entschieden und sagte dann doch Ja, weil auch die positiven Seiten der neuen Zeit erkannt und für das Gesamtwohl genutzt werden konnten. Denn die Lebensverhältnisse auf der Insel waren bescheiden, ja ärmlich.

Die Bejahung des unvermeidlichen und notwendigen Fortschrittes und die Bestrebung, daneben das Alte und Originale zu bewahren, kennzeichnen die weitere Entwicklung des Fremdenverkehrs. Das Ziel, den Inselcharakter zu erhalten, ist auch in der Gegenwart nicht aus den Augen verloren. Hochhäuser und Superzentren des Fremdenverkehrs, wie sie in der Nachbarschaft entstehen, werden auf Amrum abgelehnt.

Nicht zuletzt ist es aber die unberührte Landschaft, die großartige Weite des Kniepsandes mit seiner Brandung, die urwüchsige Dünenlandschaft, die stille Heide mit ihren Wäldern und das Wattufer mit dem Wattenmeer und der lebhaften Vogelwelt, die bestimmend für den Inselcharakter sind und von Jahr zu Jahr die Zahl der Amrum-Freunde wachsen läßt. Ihnen soll dieses kleine Buch ein Ratgeber und Wegweiser durch die Vergangenheit und Gegenwart und durch die Natur der Insel sein.

Die Amrumer Odde

Entstehungsgeschichte und Landschaften der Insel Amrum

Bildung des Inselkerns

Nach Deutung der Sprachforscher leitet Amrum seinen Namen von Am Rem her, was soviel wie sandiger Rand bedeutet. Der breite Kniepsand vor der Inselküste und die Dünen, die etwa die Hälfte der heutigen Inselfläche bedecken, bestätigen auch in der Gegenwart diese Bezeichnung. Selbst der größte Teil des Kulturlandes besteht aus relativ unfruchtbaren Sanden der Geest, dessen Vorhandensein auf das Wirken der Eiszeit zurückzuführen ist.

Die Gletschervorstöße der Eiszeit und die Abschmelzung des Eises haben nicht nur die oberen Bodenschichten der Nordsee und die Inselkerne von Sylt, Föhr und Amrum gebildet, sondern auch die Gestaltung dieser Landschaft bestimmt. Zugleich war die fast eine Million Jahre dauernde Eiszeit die Ursache für die großräumigen Veränderungen von Land und Meer durch die wechselnde Höhe des Meeresspiegels. Während in den Kälteperioden mit Gletschervorstößen ein Teil des irdischen Wassers durch die Eisbildung gebunden wurde und dabei der Meeresspiegel bis um 100 m fiel, hob sich in den Wärmeperioden, den Zwischeneiszeiten, der Meeresspiegel durch das Abschmelzen des Eises, so daß weite Gebiete des flachen Landes überflutet wurden.

Der Geestkern von Amrum verdankt seine Bildung vor allem der Saale-Eiszeit, die von etwa 240 000 bis 150 000 vor Beginn unserer Zeitrechnung dauerte und mit ihren Gletschern, Schmelzwassern und Sanden den Boden des heutigen Nordseebeckens gestaltete. Dabei wurde der Inselkern Amrums überwiegend aus Schmelzwassersanden, zum Teil auch aus Moränenmaterial gebildet.

Bedingt durch eine miozäne Aufwölbung lagen die Geestkerne von Sylt, Föhr und Amrum auf einer Höhe, so daß sie zunächst aus der flachen Geestlandschaft ragten und schließlich nach dem Anstieg des Meeresspiegels als Inseln erhalten blieben.

Nach dem Abklingen der Saale-Eiszeit wurde das Nordseebecken zum größten Teil vom sogenannten Eem-Meer überflutet, wobei sich zwischen Sylt im Norden und Eiderstedt im Süden eine zusammenhängende Halbinsel unter Einschluß von Sylt, Föhr und Amrum bildete. Ein Meeresarm drang östlich dieser Halbinsel bis in den Raum von Husum vor, doch lag der Meeresspiegel etwa 7 m unter dem heutigen Niveau.

Eine neue Kälteperiode von etwa 110 000 bis 15 000 vor unserer Zeitrechnung führte zu einer abermaligen Senkung des Meeresspiegels. Doch die Gletscher dieses bislang letzten Eisvorstoßes erreichten die Nordseeküste nicht mehr. Sie endeten an der schleswig-holsteinischen Ostküste und hinterließen dort die charakteristische Moränenlandschaft. Die Schmelzwasser der zurückweichenden Gletscher haben indessen noch die Nordseelandschaft geformt und dabei auch die Geestkerne von Amrum und Föhr auseinandergeschnitten. Außerdem änderte sich durch sommerliches Bodenfließen auf dem gefrorenen Untergrund im Randgebiet der Vereisung das Bodenrelief. Hierbei bildeten sich auf Amrum die flachgewellten Höhen und Täler aus, die deutlich sichtbar in westöstlicher Richtung über die Insel verlaufen.

Das Ende der Eiszeit bedingte ein erneutes Vordringen des Meeres, das durch die sogenannte Litorina-Transgression kurz vor der Zeitrechnung einen Höhepunkt erreichte, der bis heute nicht überschritten wurde. Durch diese Litorina-Transgression bildete sich am Westrand der Insel Amrum das Litorina-Kliff, das südlich des Quermarkenfeuers als gelblichrötlicher Abhang deutlich sichtbar ist und sich in wechselnder Höhe bis südwestlich des Leuchtturmes hinzieht, wo es nach Osten in Richtung auf Steenodde abbiegt. Erst durch eine vermutliche Senkung des Meeresspiegels, spätestens aber durch die Dünenbildung und Entstehung des Kniepsandes wurde diese Kliffküste wieder der Meeresbrandung entzogen.

Um die gleiche Zeit begann im Lee der Inselkette durch Ablagerung und Aufschlickung die Bildung großflächiger Marschen. Nach Aussüßung des Grundwassers kam es auf diesen Flächen zur Bildung von Hochmooren mit ausgedehnten Schilffeldern und Waldungen, von denen noch heute Reste im Wattenmeer zwischen den Inseln und Halligen zu finden sind. Zwischen Amrum und Föhr werden immer wieder vereinzelte Stubben, darunter von Eichen, sichtbar. Die Reste eines jungsteinzeitlichen Birkenwaldes unter nur zentimeterhohem Sand und Schlick zwischen Föhr und Amrum wurden sogar in den brennstoffknappen Nachkriegsjahren um 1947 abgegraben und auf beiden Inseln als Brennmaterial verwandt.

Ein erneuter Anstieg des Meeres um etwa 2 m, die sogenannte Dünkirchen-Transgression um Christi Geburt, führte dann zur Überflutung und teilweisen Zerstörung der vorzeitlichen Marschen- und Moorflächen, jedoch auch zu neuerlichen Ablagerungen von Schlick und zur Bildung von neuen Marschen über den Hochmooren nach dem Abklingen der Transgression.

Durch die spätere Eindeichung und der damit verbundenen Austrocknung, die eine Senkung der Moorschichten bewirkte, sowie durch den umfangreichen Abbau der Torfschicht zwecks Gewinnung von Kulturland oder für die Salzsiederei (siehe Seite 29) kam es zu Einbrüchen und Zerstörungen durch das Meer, bis sich schließlich während der letzten 500 Jahre das heutige Wattenmeer mit seinen Inseln und Halligen ausbildete.

Von den Marschenablagerungen sind auf Amrum nur noch die eingedeichten Flächen bei Norddorf und Wittdün sowie ein Strei-

Die Entwicklung des Kniepsandes im Verlauf von 500 Jahren

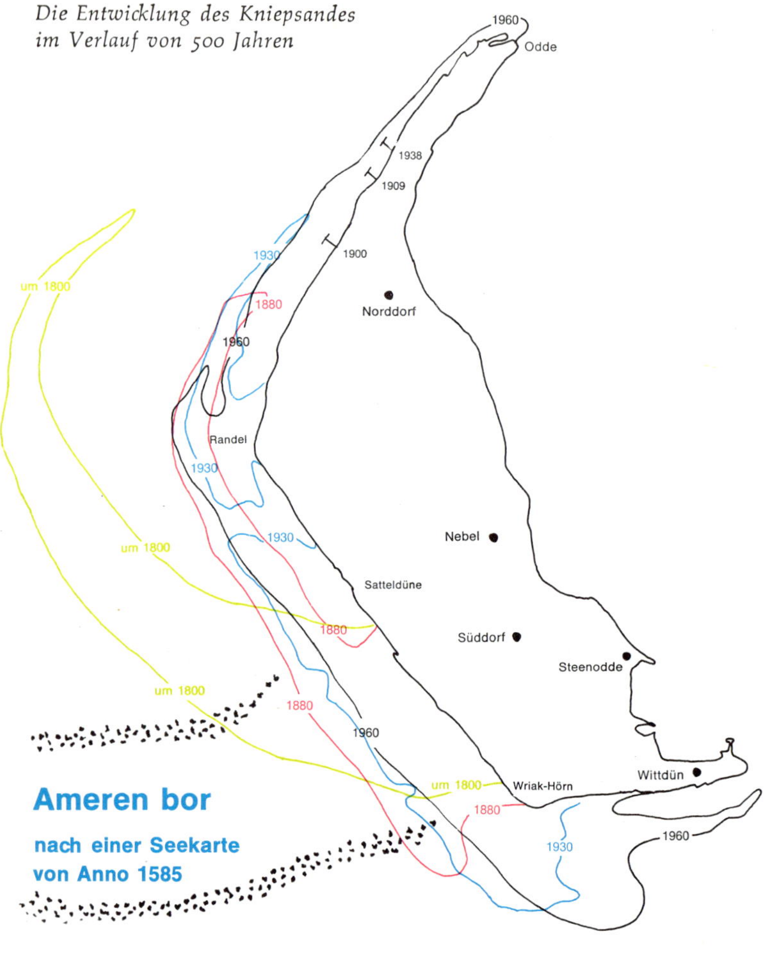

fen am Wattufer erhalten. Im übrigen darf man annehmen, daß der eigentliche Inselkern während der letzten Jahrtausende im wesentlichen unverändert blieb. Lediglich die Amrumer Nordspitze sowie der Südhaken zwischen dem Leuchtturm und der äußeren Spitze Wittdüns wurden zum Teil auf flachen Geestinseln als Nehrungshaken dem höheren Inselkern angelagert, – ein Vorgang, der sich aber erst in jüngerer Zeit, offenbar im Zusammenhang mit der Dünenbildung auf Amrum, abgespielt hat.

Der Kniepsand

Der Kniepsand, eine einzigartige und dynamische Landschaft der Insel, ist zugleich ein grenzenloser Badestrand und ein natürlicher Küstenschutz. Auf der ältesten Seekarte, die im Jahre 1585 von einem holländischen Seefahrer namens L. J. Waghenaer angefertigt wurde, wird der Kniepsand als »Ameren bor« (Amrumer Barriere) gezeigt. Nach der Karte, die allgemein nur geografisch grobe Darstellungen zeigt, greift der Kniepsand quer zur Inselküste weit hinaus auf See. Um die gleiche Zeit gibt der Reiseschriftsteller Braun-Hogenberg einen kurzen Bericht über Amrum mit der Mitteilung, daß die Insel »einen sandigen Strich zwei Meilen weit hinaus wirft«. Die geografische Meile hatte eine Länge von 7,420 km. Das würde bedeuten, daß dieser »Strich« fast 15 km lang wäre, was auch der Angabe in der Seekarte von Waghenaer entspräche.

Der Kniepsand ist allerdings kein echter Bestandteil der Insel Amrum, sondern eine Sandbank des Meeres, die in wechselnder Form mit Nehrungscharakter der Inselküste angeschlossen ist. Doch stammt das Material nicht von den anhaltenden Abbrüchen der Sylter Küste, sondern wird vorwiegend von Westen und Südwesten herangefrachtet. Von Westen kommt der häufigste und heftigste Wind, ebenfalls der Gezeitenstrom.

Während der letzten Jahrhunderte hat der Kniepsand seine Gestalt oft verändert. Eine Karte von 1800 zeigt, daß die Sandbank nur im Südwesten, etwa zwischen der Satteldüne und Wriak-Hörn, Verbindung mit Amrum hatte. Von hier aus ging ein Arm in weitem Bogen hinaus auf See. Spätere Karten lassen dann ein allmähliches Heranrücken dieses weit ausholenden Armes erkennen, bis der Kniepsandarm, etwa einen Kilometer entfernt, parallel zur Inselküste verläuft. Gleichzeitig verlängerte sich der Arm nach Norden, während sich um 1880 auch ein Haken nach Süden ausbildete. Zwischen dem Kniepsandarm und der Inselküste befand sich der »Kniephafen«, der als Öffnung von Norden her noch um 1900 bis in Höhe der Strandhalle von Nebel reichte. Der Kniephafen war so tief, daß darin Austernkulturen angelegt und größere Schiffe vor Anker gehen konnten.

Die Versandung von Süden her erfolgte dann so rasch, daß in kurzer Zeit die Bootsschuppen der Rettungsstation zweimal nord-

wärts verlegt werden mußten. Ein ähnliches Schicksal ereilte auch die Brückenanlagen im Kniephafen. Um 1900 wurde querab von Norddorf eine Brücke für den Schiffsverkehr mit Hörnum gebaut. Schon im Jahre 1909 mußte sie um einen Kilometer nach Norden verlegt werden, ein weiteres Mal um etwa 500 Meter im Jahre 1938. Doch auch dort wurde die Brücke bald von der Versandung erreicht. Die Nordwärtswanderung des Kniepsandes ist auch gegenwärtig noch gültig. Durchschnittlich verschiebt sich der Kniepsand jährlich 50 m nach Norden, wobei die Breite vom Norddorfer Badestrand an jedoch etwas abnimmt.

Insgesamt ist mit einer weiteren Erhöhung der Kniepsandfläche zu rechnen, die heute zwischen 0,80 und 1,20 m über dem mittleren Hochwasser liegt. Eine ganz neue Entwicklung ist seit geraumer Zeit auf dem Kniep in Höhe des Quermarkenfeuers zu beobachten: Hier hat sich ein Streifen von Dünen gebildet, die teilweise über 2 m hoch sind. Auch andernorts bilden sich durch Sandflug und Pflanzenwuchs während der Sommermonate kleine

Dünen. Sie werden durch herbstliche Sturmfluten aber durchweg wieder eingeebnet.

Ein anderes Beispiel der steten Kniepsanderhöhung ist ein Wrackrest des im Jahre 1929 vor Norddorf gestrandeten Dampfers »Helene«. Um 1950 ragten die Reste noch hoch aus dem Sand, heute ist das letzte Stück fast im Sande verschwunden.

Der Kniepsand hat auf seiner Länge von knapp 15 km nur noch eine Öffnung, den »Randel«, eine Senke mit einem Priel am Quermarkenfeuer.

Die Dünen

Die Sage erzählt, daß die Amrumer in altersgrauer Zeit am Strande einen Toten fanden und auf christliche Weise beerdigten. Doch bald darauf begann es zu stürmen, und große Sandmassen wurden auf den Strand gespült und vom Winde landeinwärts geweht. Der Sand häufte sich zu Dünen auf, verschüttete Marsch und Ackerland und bedrohte die Inseldörfer.

Da sagte ein alter Mann, daß der Tote vom Strande vielleicht ein Wassermann wäre und das Meer ihn zurückholen wolle. Man solle ihn wieder ausgraben und nachsehen, ob er am Daumen sauge. Dann nämlich wäre es ein Wassermann. Wie geraten, so geschehen. Der Tote hatte tatsächlich den Daumen im Mund. Er wurde schnell auf ein Fuhrwerk geladen und wieder ins Meer gebracht. Im Nu beruhigte sich der Sturm, aber die Dünen blieben und stehen heute noch. Über die Zeit und die Ursache der Amrumer Dünenentstehung gehen die Meinungen der Wissenschaftler noch auseinander. Der Geologe Hans Voigt bringt die Dünenbildung in Zusammenhang mit der vorzeitlichen Abtragung des einst größeren Inselkernes während der Dünkirchen-Transgression, die zu einem unbestimmbaren Zeitpunkt zur Bildung riesiger Wanderdünen führte. Diese wanderten über den Inselkern und bildeten die eigenartige Girlandenform der inneren Dünenketten, die am weitesten nach Osten vordrangen. Andere Forscher nehmen an, daß vor Amrum, ähnlich wie damals vor Sylt, riffartige Sandbänke und Höhenzüge von Ortstein lagen, die gegen Ende des Mittelalters zerstört wurden und das Vordringen von Sandmassen gegen die Küste ermöglichten.

Wanderdüne nahe der Vogelkoje. Seit 1971 stehen die Amrumer Dünen unter Naturschutz

Wenn es auch an sicheren, zeitlichen Nachrichten über die Dünenentstehung fehlt, so wird durch vor- und frühzeitliche Funde bis hin zu hochmittelalterlichen Ackerbeeten innerhalb der heutigen Dünen bewiesen, daß sie erst nach der Wikingerzeit, ja teilweise erst nach dem 14. Jahrhundert entstanden (K. Kersten). Auch die östliche Lage der Inseldörfer wird in Zusammenhang mit der Dünenbildung und der daraus entstehenden Versandungsgefahr gebracht. Doch lassen sich dafür auch andere Gründe, wie Trinkwasserbeschaffung oder Hafenanlagen, anführen.

Wenn man vom Leuchtturm oder von der auf dem höchsten Dünenrücken bei Norddorf liegenden Aussichtsdüne über diese großartige Naturlandschaft blickt, erscheint sie in ihrem Wirrwarr von Hügeln und Tälern von unberechenbaren Naturlaunen geschaffen. Und doch ist hier im scheinbaren Chaos durchaus eine Gesetzmäßigkeit vorhanden.

Zunächst fällt uns der innere, mit Dorfrändern, Heide und Kieferngehölzen zusammenstoßende Dünenwall auf, der westlich von Norddorf, westlich der Vogelkoje, mit der Satteldüne und der Leuchtturmdüne die höchsten Erhebungen zeigt, und zwar bis zu 32 m über dem Meeresspiegel. Ein Blick auf die Landkarte zeigt uns, daß dieser innere Wall nicht gleichmäßig, sondern wellenartig einmal mehr, einmal weniger weit über den Inselkern vorgedrungen ist. Besonders auffällig ist die Teilung der Dünen im Bereich der Vogelkoje. Sie erklärt sich durch die Teilung des Windes am Inselbogen unterhalb des Quermarkenfeuers, ein Zeichen dafür, daß dieser Bogen schon sehr lange besteht.

Dem inneren Dünenwall folgen dann wellenweise langgestreckte oder runde Heidetäler, an die sich neue Dünenwälle anschließen, die jedoch viel weniger zusammenhängend sind und oft aus Einzeldünen bestehen. Längs der Strandkante bildet ein fast regelmäßiger, doch verschieden hoher Dünenwall die Grenze zum Kniepsand. Doch nicht nur das äußere Bild, sondern auch Farbe und Zusammensetzung des Sandes verraten dem Geologen die verschiedenzeitliche Entstehung der Amrumer Dünen.

Im wesentlichen ist die Dünenbildung auf Amrum abgeschlossen. Vom Strande her erfolgt keine neue Sandzufuhr in das Dünengebiet. Nur vor dem Dünenzug des Strandes kommt es noch zu Neubildungen, da der über den Kniepsand aufwehende Sand hier liegen bleibt. Besonders zwischen dem Strand von Nebel und Wriak-Hörn sind während der letzten Jahrzehnte Stranddünen aufgewachsen.

Doch ändert sich heute noch ständig das allgemeine Dünenbild. Hier trägt der Wind eine Düne ab, dort wird eine neue aufgebaut. Aber diese Veränderung geschieht über einen längeren Zeitraum, und sie fällt nur dem auf, der das Landschaftsbild genau kennt. Amrum hat noch drei Wanderdünen, eine bei Fleegham westlich von Norddorf, eine nahe der Vogelkoje und eine östlich vom Skalnastal. Besonders eindrucksvoll ist die Wanderdüne an der Vogelkoje. Sie ist über 300 m lang und fast ebenso breit. Das Gegenstück sind die großen Heide- und Grastäler, die jahrhundertelang unverändert blieben. Mancherorts hat auch die ständige Düngung durch Silbermöwenexkremente zu einer festen Vegetation geführt, und Teile der Dünen, besonders in der Nähe der Dörfer, sind vom Menschen durch künstliches Bepflanzen festgelegt.

Um die Vegetationsdecke zu schützen leiten Bohlenwege den Menschenstrom durch die Dünen

Dünenbefestigung

Die organisierte Dünenbefestigung begann im Jahre 1696, doch zunächst nur durch eine passive Maßnahme. Es wurde nämlich das Schneiden von »Dünenhalm« verboten. Der Dünenhalm (Strandhafer) wurde für die Herstellung von Seilwerk, den sogenannten Reepen, verwendet. Die Reepen wurden vor allem zum Festlande verkauft, wo man sie zum Binden der Reetdächer gebrauchte. Das Reependrehen war für viele Insulaner, besonders für Frauen, deren Männer auf See umgekommen waren, ein kleiner Verdienst. Allerdings wurden die Dünen durch das Halmschneiden ihrer Vegetation beraubt, und die Gefahr der Versandung wuchs. Besonders Norddorf war durch Wanderdünen bedroht, und durch die Norddorfer »Bauern-Acht« wurde auch im Jahre 1783 der Anstoß zur Bepflanzung der Dünen, dort wo sie für Kulturland oder Siedlungen gefährlich wurden, gegeben.

Aber es gab viele Schwierigkeiten, »weil viele Einwohner ihr

Auskommen auf See haben und keine Einsicht in die Verbesserung des Bodens haben«. Mehrfach mußten Verordnungen erlassen oder erneuert werden, ehe das organisierte Dünenpflanzen zu einer alljährlichen Regel wurde. Allerdings wurden auch die Verbote des Halmschneidens immer wieder mißachtet, so daß seitens des Birkvogtes strenge Bestrafung angedroht wurde.

Nach der Landverteilung im Jahre 1800 mußte jeder Haus- und Landbesitzer nach dem Wert seines Eigentums an der Dünenbepflanzung teilnehmen. Diese Regelung blieb lange Zeit bestehen. Erst im Jahre 1964 wurde der sogenannte »Hand- und Spanndienst« abgeschafft und die Dünenbepflanzung von den Gemeinden übernommen. Schon einige Jahre früher war auch der Staat mit umfangreichen Maßnahmen an der Dünenbefestigung beteiligt. Der »Inselschutz« zäunte große Dünenflächen ein und verwandelte durch konzentriertes Bepflanzen mit Strandhafer und Silbergras sowie mit Düngung von Flugzeugen aus die Randdünen in der Nähe der Ortschaften zu festbewachsenen Hügeln. Um die Pflanzendecke zu sichern, wurden allenthalben Bohlenwege angelegt.

Heide und Wald

Ein großer Teil des Amrumer Geestkernes war früher mit Heide bedeckt, soweit er nicht als Ackerland während der Vor- und Frühzeit genutzt wurde. Große, dunkle, fast schwermütige Heideflächen haben auch noch in jüngster Zeit das Landschaftsbild der Insel bestimmt. Noch bis um 1950 ging der Blick von Norddorf über die sanftgewellte Heide ungehindert bis zum Leuchtturm. Dann wurde der größte Teil der Heide aufgeforstet, wodurch die Insel ein ganz anderes Gesicht erhielt.

Bäume waren auf Amrum vor wenigen Jahrhunderten noch unbekannt, die Heide war Endstufe der Vegetationsentwicklung. Ein Pastor David Monrad (1681–1694) berichtet über seine vergeblichen Versuche, Bäume im Garten anzupflanzen: »Alles, was höher ist als der Wall, verdorrt wegen der salzigen Nordwinde.«

Die älteste Baumpflanzung auf Amrum fand im Jahre 1866 nach dem Bau der Vogelkoje statt. Birken und Erlen, vereinzelt auch Pappeln wurden gepflanzt, um den Kojenmann bei seinen

Neuaufforstungen auf der Amrumer Heide

Pirschgängen Deckung zu geben. Doch die Bäume wuchsen nur mühsam hoch, wir sehen noch heute die windgebogenen Stämme und die geschorenen Kronen der Bäume, die besonders an der Westseite der Koje nur eine geringe Höhe erreicht haben.

Von seiten des Staates wurden bald darauf eine Versuchspflanzung mit Birken im »Mantje-Tal« nahe der Kinderheilstätte Satteldüne sowie eine Anpflanzung mit Kiefern auf der Heide westlich von Nebel angelegt. Während die kümmernden Birken im »Mantje-Tal« heute einem verwunschenen Hain gleichen, hatte die Kiefernanpflanzung mehr Erfolg. Sie bildete den Grundstock des heutigen Nebeler Waldes.

Weitere Aufforstungen folgten am Leuchtturm, bei Norddorf sowie von verschiedenen Privatleuten. Auch in den Inseldörfern wagte man einen neuen Versuch, und es zeigte sich, daß Ulmen und Pappeln sowie Birnbäume verschiedenster Arten sich gegen den Wind behaupten konnten. Nach 1948 wurden dann seitens der Gemeinden und des Amrumer Forstverbandes umfangreiche

Im Nebeler Wald

Anpflanzungen auf den Heideflächen durchgeführt. Auch hier beteiligte sich später seitens des »Kulturamtes« der Staat. Ein Teil der Aufforstungsflächen wurde tiefgepflügt, um eine Reolung und den Aufbruch der Ortsteinschicht zu erreichen. Neben den Altwäldchen wurden rund 150 ha Heide aufgeforstet, vorwiegend mit Kiefern und Fichten sowie einigen Laubholzarten. Diese Maßnahme blieb, bedingt durch den Umfang, nicht ganz ohne Kritik, da die eigenartige Urlandschaft Heide fast völlig verschwand. Neuerdings gewinnt die Heide aber wieder an Ausdehnung auf brachliegenden Feldern.

Wattufer und Wattenmeer

Das Wattufer an der Amrumer Ostküste ist ein stiller Gegensatz zur Westküste mit ihrem brandungsreichen Kniepsandstrand. – Doch sehen wir auch hier ein abwechslungsreiches Landschaftsbild, das von den Einflüssen des Meeres geformt wurde und auch in der Gegenwart noch manche Veränderung erfährt, wenn diese auch nicht so dynamisch verläuft wie am Amrumer Weststrand. Allgemein verbindet sich mit dem Begriff »Watt« die Vorstellung von grundlosem, blaugrauem Schlick. Doch der größte Teil des Wattbodens besteht aus festem Sandwatt, während es zu umfangreichen Schlickablagerungen überwiegend nur an leeseitigen Ufern und in Küstenbuchten kommt, wo sich die Flut längere Zeit staut, so daß die zahlreichen, mitgeführten Sedimente sich ablagern können. Vielerorts wird dieser Vorgang zum Zwecke der Landgewinnung durch die Schaffung künstlicher »Buchten«, nämlich Lahnungsfeldern aus Buhnen, seitens des Menschen gefördert. Ein Beispiel dieser Landgewinnung sehen wir auch vor dem Norddorfer Wattendeich. Das Lahnungsfeld am Fuße des heutigen Asphaltdeiches wurde um 1950 angelegt. Die Erhöhung der mit Queller und Schlickgras bewachsenen Wattenflächen innerhalb der Buhnen ist inzwischen so weit gediehen, daß sie bei Hochwasser nur noch zum Teil überflutet werden. Doch geht es hier nicht um Neulandgewinnung, sondern lediglich darum, den Deichfuß zu schützen.

Am Wattufer zwischen dem Norddorfer Deich und dem Kliff »Ual-Anj« südlich von Nebel bietet sich ein gegenteiliges Bild. Hier ist das Ufer ungeschützt, so daß eine langsame, doch stete Zerstörung stattfinden kann. Die etwa einen Meter hohe Uferkante des Marschenlandes wird dabei unterspült, bis schließlich die überhängende Kante in großen Schollen abbricht. Nachdem die Scholle im Laufe der Zeit durch das Meer abgeräumt ist, wiederholt sich der Vorgang aufs neue. Nördlich von Nebel, besonders aber zwischen Nebel und Steenodde, ist es durch die Anschneidung des Geestkernes zu Kliffbildungen gekommen, wobei große Findlinge und das Geröll der aus dem Sand gewaschenen Steine den Strandfuß bedecken. Findlinge und Steingeröll findet man auch noch ein Stück hinaus im Watt, – ein Zeichen der jahrhundertelangen Abtragung des Inselkernes durch das Meer.

Beiderseits der Steenodder Brücke ist dann wieder ein Gegenbeispiel sichtbar. Hier haben Strömung und Brandung einen sogenannten Strandwall aus Sand aufgespült, der eine natürliche Stabilität hat. Das zwischen Steenodde und Wittdün liegende Marschenland wird aber durch einen Sommerdeich geschützt.

Das Kliff zwischen Nebel und Steenodde

Das Wattengebiet zwischen Amrum und Föhr ist größtenteils recht hoch, es wird bei Hochwasser gebietsweise nur etwa 1 bis 1,50 m hoch mit Wasser bedeckt. Doch weisen die von der Mitte der Wattenflächen nach Süden und Norden fließenden Priele Tiefen bis 4 m auf. Die Norderaue, die von Wyk kommend an Wittdün vorbei in die Nordsee fließt, ist an manchen Stellen sogar über 30 m tief! Die hohe Lage des Wattbodens und die räumliche Nähe zwischen Amrum und Föhr haben wiederholt Anlaß gegeben, den Bau eines Dammes oder einer Buhne zu erwägen, was in technischer Hinsicht kein Problem wäre. Einerseits wäre durch einen Damm und der damit verbundenen Teilung des Gezeitenstromes ein Landzuwachs an den Ufern von Amrum und Föhr sowie am Damm zu erwarten, andererseits würde ein schneller Verkehrsweg zwischen den beiden Inseln geschaffen. Doch gerade die unausbleibliche Verkehrssteigerung und deren Folgen sind seitens der Insel Amrum der Anlaß gewesen, derartige Projekte abzulehnen.

Karte mit den noch deutlich sichtbaren Bodendenkmälern aus der Vor- und Frühzeit mit den amringischen Bezeichnungen

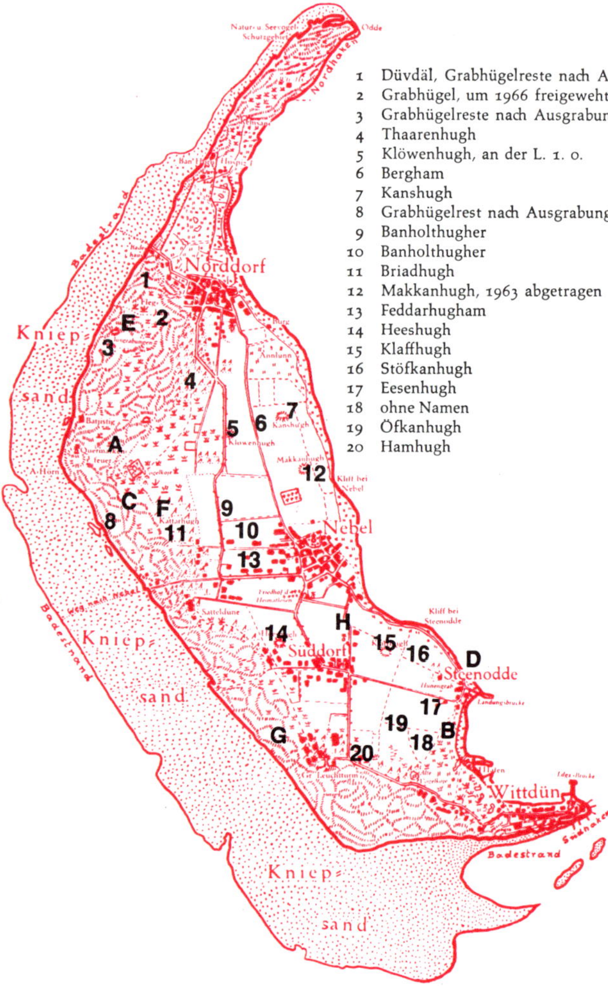

1 Düvdäl, Grabhügelreste nach Ausgrabung 1948
2 Grabhügel, um 1966 freigeweht
3 Grabhügelreste nach Ausgrabung 1952
4 Thaarenhugh
5 Klöwenhugh, an der L. 1. o.
6 Bergham
7 Kanshugh
8 Grabhügelrest nach Ausgrabung 1954
9 Banholthugher
10 Banholthugher
11 Briadhugh
12 Makkanhugh, 1963 abgetragen
13 Feddarhugham
14 Heeshugh
15 Klaffhugh
16 Stöfkanhugh
17 Eesenhugh
18 ohne Namen
19 Öfkanhugh
20 Hamhugh

A Riesenbett mit zwei Grabkammern aus der jungen Steinzeit
B Restaurierte Grabkammer aus der jungen Steinzeit
C Gräberfeld aus der Eisen- und Wikingerzeit, Skalnastal
D Hügelgräberfeld der Wikingerzeit
E Pflugfurchen, Viehspuren aus dem Mittelalter
F Ackerbeete, Pflugfurchen aus dem Mittelalter
G Ackerbeete
H Krümmwal – Wehr- oder Grenzwall? der Wikingerzeit

Spuren der Vor- und Frühzeit

Steinzeit

Wenn wir uns das vor- und frühzeitliche Leben auf Amrum vorstellen, dann müssen wir uns noch einmal das Landschaftsbild jener Zeit vor Augen halten. Der Inselkern lag hoch, umgeben von Marschen und Mooren, die teilweise mit Wald und Schilf bedeckt waren. Dünen waren noch nicht vorhanden, der Inselkern zum größten Teil mit Heide bewachsen. Die Meeresküste lag nach Westen hin noch einige Kilometer vom heutigen Inselstrand entfernt, doch bestanden über größere, prielähnliche Wasserläufe Verbindungen vom Inselkern zum Meer. Während das umliegende Flachland als Weide und Jagdrevier benutzt wurde, diente der hohe Geestrücken Amrums als Siedlungsraum und als Friedhof für die Toten. So sind es neben einigen Siedlungsplätzen auch vor allem Gräber, die aus verschiedenen Zeitepochen bis heute auf Amrum erhalten sind und Kunde vom Leben der damaligen Völkerschaften geben.

Die nachweislich früheste Besiedlung erfolgte während der jungen Steinzeit (3000–1600 v. Chr.) durch eine schon Ackerbau und Viehzucht treibende Bevölkerung, die aus dem nahen Jütland kam. Doch deuten Funde von Knochenharpunen auf den Nachbarinseln Föhr und Sylt darauf hin, daß auch schon vorher Menschen, vermutlich als nomadisierende Jäger, in unserem Raume vorhanden waren.

Aus der jungen Steinzeit stammt ein eindrucksvolles Grabmal, ein sogenanntes »Riesenbett« mit zwei Grabkammern, das halbversandet im Tal einer Wanderdüne nahe der Vogelkoje liegt. Innerhalb eines Vierecks von mächtigen Findlingsblöcken liegen die beiden Kammern mit ihren gewaltigen Decksteinen mit einem Gewicht von etwa 200 Zentnern. Noch heute ist es ein Rätsel, wie die steinzeitliche Bevölkerung diese Gewichte bewegen konnte. Die östliche Grabkammer wurde durch das »Landesamt für Vor- und Frühgeschichte« in die Zeit um 3000 v. Chr. datiert, während die westliche Kammer etwa tausend Jahre jünger ist. In der östlichen Kammer wurde ein reich verziertes Tongefäß entdeckt, während die westliche Kammer menschliche Knochen und fünf Totenschädel enthielt, von denen einer eine Trepanation als Folge einer Operation aufwies. Außerdem enthielt die Kammer Beigaben aus der jungen Steinzeit und der frühen Bronzezeit. Offenbar wurde die Grabkammer über einen längeren Zeitraum für Bestattungen benutzt. Eine weitere restaurierte Kammer mit kurzem Gang befindet sich südwestlich von Steenodde. Insgesamt sollen früher etwa zehn dieser jungsteinzeitlichen Gräber auf Amrum vorhanden gewesen sein. Sie wurden allgemein als »Stiandösk« bezeichnet und sind unter diesem Namen noch auf älteren Flurkarten zu finden. Doch im Laufe des vorigen Jahrhunderts wurden von einigen Gräbern die Steine entfernt, entweder um als Ankersteine für Schiffe oder bei der Anlage von Gartenwällen verwendet zu werden. Auch der Friedhofswall der St. Clemenskirche soll einen Teil früherer Grabsteine enthalten.

Bronzezeitliches Hügelgrab auf der hohen Geest

Die Bronzezeit

Mit der Einwanderung neuer Völker aus dem Süden wurde um 1600 v. Chr. die Bronzezeit eingeleitet. Die Einwanderer, die sich mit der steinzeitlichen Bevölkerung vermischten, hatten Berührung mit den hochentwickelten Kulturen im Südosten Europas und des Mittelmeerraumes gehabt und verbreiteten diese Kultur in Skandinavien und im Bereich der nordfriesischen Inseln. Ein reger Handel mit dem Süden, vor allem mit Bernstein, hat diese Entwicklung offenbar nachhaltig gefördert. Bernstein, der von den Gletschern der Eiszeit aus dem nordöstlichen Europa in den Nordseeraum verfrachtet wurde, war im Süden als Schmuck begehrt und wurde gegen Bronze eingetauscht.

Die Bronzezeit wurde eine Glanzzeit des Wohlstandes und der Kultur. Waffen und Schmuck, Werkzeuge und Hausgeräte wurden in vollendeten Formen, reich verziert mit Ornamenten, hergestellt und später durch Ausgrabungen als Beigaben in den Hü-

Ausgrabung von Hausresten aus der Zeit um Christi Geburt in den Dünen nahe der Vogelkoje

gelgräbern gefunden. Insgesamt wurden auf Amrum 136 Hügelgräber der älteren und mittleren Bronzezeit festgestellt. Doch liegen noch manche Gräber unter den Dünen verborgen, wie z. B. ein Hügelgrab, das erst vor wenigen Jahren nahe der Norddorfer Aussichtsdüne zum Vorschein kam. In der älteren Bronzezeit wurden die Toten in Holzsärgen, darunter auch Baumsärgen in Form ausgehöhlter Eichenstämme, bestattet, was auf reichlichen Waldbestand im näheren Bereich des Inselkernes deutet. Erst in der mittleren Bronzezeit wurden die Toten verbrannt und die Asche in Urnen gefüllt. Die Urnen wurden teilweise in älteren Hügelgräbern beigesetzt, teilweise flach unter dem Boden vergraben. Von den einst zahlreichen bronzezeitlichen Hügelgräbern sind heute auf Amrum nur noch rund zwanzig sichtbar erhalten. Als rundliche Hügel in Höhen von einem bis knapp vier Meter sind sie noch deutlich in der Feldmark, in der Heide und in den Dünen zu erkennen. Aberglaube und eine noch lange bestehende

Wikingerzeitliche Grabformen im »Skalnastal«

kultische Verbindung zu den Gräbern haben diese lange geschützt. Doch während der letzten Jahrhunderte wurde mancher Hügel allmählich von der Pflugschar eingeebnet. In anderen wurde unbefugte Schatzgräberei getrieben, und ein großer Teil ist schließlich auch durch die wissenschaftliche Ausgrabung verschwunden, die um 1880 durch Prof. Ohlshausen begann und heute durch das »Landesamt für Vor- und Frühgeschichte« fortgesetzt wird. Leider sind von den zahlreichen Funden nur ganz wenige auf Amrum verblieben.

Neben den markanten Hügelgräbern wurden mehrere Wohnplätze der Bronzezeit, besonders im Bereich der Dünen, entdeckt, wobei auch die Rekonstruktion eines bronzezeitlichen Hauses gelang. Doch sind auch zahlreiche andere Zeugen, so Spuren und Werkzeuge von Ackerbau, aus jener Zeit gefunden worden. Insgesamt hat uns die Bronzezeit eine Fülle von Funden vermittelt und dadurch Überblick in das Leben der Bevölkerung gegeben.

Mittelalterliche Ackerbeete in einem Dünental nördlich von Nebel

Eisenzeit

Etwa um 500 v. Chr. erfolgt der Übergang von der Bronze- zur Eisenzeit. Aus dem heimischen Raseneisenerz wurde in Brennöfen das Eisen gewonnen. Doch um 200 v. Chr. kamen die germanischen Völkerschaften in Bewegung: Cimbern, Teutonen und Ambronen verließen zum größten Teil ihre Heimat im Norden und wanderten südwärts, wo sie schließlich in kriegerischen Auseinandersetzungen auf die Römer trafen. Die Gründe dieser Abwanderung bestanden vermutlich in der Übervölkerung des Nordseeküstengebietes, dessen fruchtbare Marschen durch das vordringende Meer der Nacheiszeit zusehends vernichtet wurde. Auch mögen Klimaverschlechterung und das Ende des blühenden Bernsteinhandels durch die Konkurrenz aus dem Samlande dazu beigetragen haben, daß eine Abwanderung erfolgte.

Für Amrum läßt sich ein deutlicher Bevölkerungsrückgang in dieser Zeit jedoch nicht nachweisen. Die Funde sind zwar spärlicher, weisen aber auf eine kontinuierliche Besiedlung hin. Nach

Der »Krümmwal« zwischen Nebel und Steenodde

Christi Geburt war der Inselkern wieder stärker bevölkert, wie zahlreiche Funde in ausgegrabenen Hügelgräbern bei Norddorf beweisen. Reich verzierte Urnen und Gefäße, Werkzeuge und Schmuck aus Bronze und Eisen weisen dabei auf eine Verbindung mit dem südlichen Jütland hin. Doch ist in dieser Zeit auch römisches Importgut vereinzelt auf die Insel gelangt. Aus der gleichen Zeit datiert eine Dorfanlage mit Häusern nach cimbrischen Vorbildern, die im »Düvdäl« westlich von Norddorf freigeweht wurden.

Um die Völkerwanderungs-Zeit (150—400 n. Chr.) haben vermutlich auch die Bewohner des Amrumer Inselkernes sich an der Übersiedlung der Angeln, Sachsen und Jüten nach England beteiligt, doch blieb die Insel weiterhin besiedelt, wie ein umfangreiches Gräberfeld im »Skalnastal« beweist. Hier wurden nicht nur Urnen aus den ersten Jahrhunderten unserer Zeitrechnung gefunden, sondern auch Steinsetzungen in runden, drei- und viereckigen Formen freigelegt, die bis in die Wikingerzeit hineinreichen. Grabformen und Funde, darunter ein Schwertbeschlag, deuten wiederum auf eine Verbindung zum Norden. Auch bei Steenodde wurden 88 kleine Grabhügel mit Waffen und Schmuck skandinavischer Herkunft festgestellt, so daß nicht auszuschließen ist, daß der Inselkern nach Reduzierung der Bevölkerung in der Völkerwanderungszeit vom Norden her wieder stärker besiedelt wurde. Die bevorzugte Lage Amrums mag dabei für die Kriegs- und Handelszüge der Wikinger eine besondere Rolle gespielt haben. So wird auch der Burghügel am Wattufer von Norddorf mit der Wikingerzeit in Verbindung gebracht. Vermutlich befand sich auf diesem Hügel eine Art Turmburg, aus Erde und Holz errichtet. Dagegen läßt sich die gewaltigste Anlage der Eisen- und Wikingerzeit auf Amrum, der »Krümmwal«, nicht erklären. Der »Krümmwal« zieht sich bogenförmig südlich der Windmühle von Nebel bis hinüber nach Steenodde, doch ist nicht sicher, ob es sich um einen Grenz- oder um einen Befestigungswall handelte. Zeitdatierende Funde fehlen auch über die Einwanderung der Friesen aus dem südwestlichen Nordseeraum in das Gebiet der nordfriesischen Inseln. Sicher ist nur, daß die Besiedlung des Festlandes, die sich durch Warftsiedlungen in Eiderstedt dokumentiert, zu einem anderen Zeitpunkt erfolgte als die Besiedlung der Inseln. Offenbar hat der friesische Bevölkerungsanteil auf den Inseln nach der Einwanderung auch nicht so dominiert wie auf dem Festlande. Denn die Inselbewohner haben sich selbst nicht als Friesen bezeichnet.

Das alte Amrum

Erste Urkunden über Amrum

Die geschriebene Geschichte der Insel Amrum beginnt sehr spät. Im Jahre 1231 wird zum ersten Male die Insel urkundlich erwähnt, und zwar im »Erdbuch« des dänischen Königs Waldemar II.

Dieses Erdbuch, das jahrhundertelang verschollen war, ist seinerzeit offenbar in der königlichen Zentralkanzlei verfaßt worden, teils für den täglichen Gebrauch der Steuerbeamten und teils als Schulungsbuch für den Thronfolger. Neben den königlichen Besitzungen und Einkünften sind auch die Namen der Päpste bis 1231 und ein umfassendes Verzeichnis des europäischen Hochadels in der Schrift enthalten.

Für Amrum kommen die folgenden, aus dem Lateinischen übersetzten Zeilen in Betracht: »Utland Föhr, Osterharde und Westerharde, 54 Mark reines Silber«. — »Die Namen der Inseln . . . Ambrum, hus, ha, cun.« Zur ersten Zeile ist zu bemerken, daß Amrum zusammen mit dem westlichen Teil von Föhr eine Harde bildete. Die genannte Summe bezieht sich auf die Steuerzahlung. In der zweiten Zeile sind neben Amrum alle übrigen Inseln und Halligen erwähnt, soweit sie damals vorhanden waren. Mit »hus« werden Häuser, also die Besiedlung der Insel genannt, während »ha« Hasen und »cun« Kaninchen bezeichnet. Amrum ist übrigens die einzige Insel mit Wildkaninchen, und es stellt sich die Frage, wann und durch wen die Wildkaninchen aus ihrer damaligen Urheimat Spanien, Portugal und Nordafrika nach Amrum kamen. Der Historiker Knut Jungbohn Clement schreibt, »daß die Amrumer die Wildkaninchen einst selbst in ihren Sanddünen ansiedelten.« Wahrscheinlicher aber ist, daß bereits die Wikinger auf ihren Zügen längs der europäischen Küsten auf einzelnen Inseln Kaninchen aussetzten, um Jagdmöglichkeiten zu haben. Eine andere Überlieferung berichtet, daß aus den gleichen Motiven dänische Könige diese Tiere auf kleinen Inseln ihres Reiches ausgesetzt haben.

Amrum gehörte als sogenanntes »Kununglef« also mindestens seit Anfang des 13. Jahrhunderts zum damals umfangreichen Königreich Dänemark. Mit nur kurzen Unterbrechungen blieb dieses staatsrechtliche Verhältnis bis zum Jahre 1864 bestehen.

Aber noch ein drittes Zitat des »Erdbuches« bezieht sich auf Amrum, nämlich die Erwähnung von vier Salzsiedereien, von denen drei dem König und die vierte dem Herzogtum gehören.

Salzsieder und Fischer

Eine dieser Salzsiedereien hat auf Amrum, westlich von Steenodde gelegen. Der dortige Flurname »Dänsk Branang«, dänische

Brennerei, weist eindeutig darauf hin. Andere Nachrichten oder Zeugnisse sind jedoch nicht mehr vorhanden.

Die Salzsiederzeit war eine bedeutende Periode in der Geschichte Nordfrieslands. Sie begann im 11. Jahrhundert und dauerte bis zum Ende des 18. Jahrhunderts. Grundstoff der Salzgewinnung war der im Watt oder unter dem Halligland liegende Seetorf, der durch zahlreiche Überflutungen mit Salz angereichert war. Diese Torfschicht wurde freigelegt, abgegraben und mit Schuten an Land gebracht. Hier wurde der Seetorf getrocknet, anschließend verbrannt und aus der Asche mit ihrem konzentrierten Salzgehalt eine Sole bereitet, aus der nach Verdampfung des Wassers das kristallisierte Salz zurückblieb.

Die Landschaft bei »Dänsk Branang« war für eine Salzsiederei vorzüglich geeignet. Vom Watt her konnten die Torfboote über einen Wasserlauf bis zu den Verarbeitungsstätten fahren. Auf den dem Süden und der Windseite zugeneigten Hängen konnte der Torf zum Trocknen ausgebreitet werden, bis er dann in den Salzbuden verbrannt wurde. Jahrhundertelang haben die dunklen Rauchwolken der Salzsiedereien das Bild der Inseln und Halligen geprägt. Die Salzsiederzeit war eine Zeit des Wohlstandes, aber der Torfabbau trug andererseits zur Senkung des ohnehin flachen Landes bei und gilt als eine der Ursachen für die großen Landverluste im heutigen Halligmeer.

Weitere, wenn auch spärliche Nachrichten weisen im 15. und 16. Jahrhundert auf die Fischerei hin. In jener Zeit traten bei Helgoland riesige Heringsschwärme auf, an deren Fang sich auch Fischer von Sylt, Amrum und anderen Inseln beteiligten. Offenbar haben die Amrumer Fischer im Schutze des Kniephafens nahe der Satteldüne ihre Station gehabt. Der deutsche Name »Satteldüne« ist aus dem Amringischen falsch übersetzt. Richtig heißt die hohe Düne »Sateldün«, Setzerdüne, wobei sich der Name auf das Setzen von Fischernetzen bezieht.

Neben der Heringsfischerei bei Helgoland soll auch der Dorsch- und Rochenfang vor der Küste von Bedeutung gewesen sein. Der Binnenländer mag darüber erstaunt sein, daß das 15. und 16. Jahrhundert der einzige Zeitraum in der Inselgeschichte gewesen ist, in dem *berufsmäßige* Fischerei betrieben wurde. Die Fischerei in späteren Jahrhunderten wurde nur noch von einzelnen Insulanern vorwiegend für den Eigenbedarf getätigt.

Der Walfang

Mit dem Walfang um die Mitte des 17. Jahrhunderts begann für die nordfriesischen Inseln und Halligen ein »Goldenes Zeitalter«. Engländer und Holländer hatten in den Jahren 1609 und 1611 im nördlichen Eismeer den Reichtum an Walen, Robben und Eisbären entdeckt und rüsteten Fangschiffe aus. Die Holländer, die bald eine dominierende Rolle im Walfang spielten, bemannten ihre Schiffe zum Teil mit Basken. Als der französische König den Basken aus Konkurrenzgründen verbot, auf holländischen Schiffen zu dienen, suchten sich die Holländer ihre Mannschaften auf den nordfriesischen Inseln und Halligen.

Bald fuhren alle arbeitsfähigen Männer, vom gerade konfirmierten Knaben bis hinauf zum rüstigen Greis, auf Walfang in das Eismeer. Kleine Küstenschiffe, sogenannte »Schmacks«, brachten die Männer Ende Februar über die Nordsee zu den holländischen Ausgangshäfen. Hier mußte jede Besatzung ihr Schiff selbst ausrüsten, und Ende März ging die Reise nach Norden, wo man nach etwa vierwöchiger Fahrt das Fanggebiet erreichte. Die Fangplätze lagen in der Anfangszeit des Walfanges bei Spitzbergen. Spitzbergen wurde jedoch für ein Teil von Grönland gehalten, und so hieß der Walfang allgemein »Grönlandfahrt«, eine Bezeichnung, die auch blieb, als der geografische Irrtum erkannt war.

Der Walfang spielte sich folgendermaßen ab: Wenn der Schiffsführer, Kommandeur genannt, vom »Krähennest«, einem Ausguck im Mast, einen Wal erspähte, hieß es: »Schaluppen fall!« Schaluppen waren Ruderboote, die vom Mutterschiff zu Wasser gebracht wurden. Jedes Boot hatte seine feste Besatzung, und während die Rudermannschaft die Schaluppe bis in die unmittelbare Nähe des Wales dirigierte, stand am Bug der Harpunier mit seiner Lanze. Aus nächster Nähe wurde die Harpune in den riesigen Körper des arglosen Wales geschleudert, und dann legte sich die Rudermannschaft in die Riemen, um vom Wal freizukommen. Denn nicht selten geschah es, daß der verwundete und flüchtende Wal Schaluppe und Mannschaft mit einem Schlag seiner Schwanzfluke zerschmetterte.

Die Harpune war mittels einer langen Leine mit der Schaluppe verbunden. Der Wal nahm also das Boot in Schlepp und wurde so lange gehetzt, bis er ermattet an die Wasseroberfläche kam,

Kachelbild mit Schmackschiff im Hause eines früheren Grönlandkommandeurs

wo er neue Harpunenwürfe erhielt und schließlich mit einer langen Lanze erlegt wurde. Der getötete Wal wurde zum Mutterschiff gerudert, wo nach eingespieltem Schema mittels Flaschenzügen und Speckmessern die umfangreiche Speckschicht abgeflenst wurde. Zunächst wurde der Speck gleich an Ort und Stelle, in Stationen auf Spitzbergen, zu Tran ausgekocht. Später wurde der Speck in Tonnen eingesalzen und zum Auskochen in die Heimat gebracht.

Während die einfache Mannschaft nur eine feste Heuer erhielt, waren die höheren Ränge am Fangerlös beteiligt. Das Bestreben der Insulaner war deshalb, aus dem Mannschaftsstand in eine höhere Position zu kommen. Das war einmal durch seemännische Tüchtigkeit, aber auch durch navigatorische Ausbildung möglich. Es entwickelte sich deshalb im Winter, wenn die Grönlandfahrer wieder zu Hause waren, ein reges Schulleben. Erfahrene Kommandeure, Kapitäne, Seemänner und auch Pastoren erteilten gegen ein kleines Entgelt Unterricht in den wichtigsten Fächern.

Laiengemälde eines Segelschiffes, von einem Seefahrer gemalt

Der Lohn dieser Bemühungen blieb nicht aus. Amrum hatte zeitweise über 20 Commandeure, dazu zahlreiche Steuerleute und Harpuniere. Doch brachte der Walfang neben Wohlstand auch Armut und Trauer. Unwetter und Eis bedrohte die Schiffe, und zahlreiche Männer kamen um, so daß es in jener Zeit viele unversorgte Witwen und Waisen gab.

Die Handelsseefahrt

Die Zahl der Walfangschiffe war ständig größer geworden, und die Folgen blieben nicht aus: Durch übermäßige Bejagung ging der Walbestand so stark zurück, daß die Schiffe oft vergebens in das Eismeer fuhren oder sich mit dem weniger einträglichen Robbenschlag begnügen mußten. Um 1770 fuhren nur noch wenige Insulaner auf Walfangschiffen. Dafür hatte sich aber ein neuer Erwerb auf dem Meere erschlossen; – die Kauffahrteifahrt.

Auch in der Kauffahrteifahrt, wie man sie damals nannte, fuhren die Amrumer vorwiegend auf holländischen Schiffen, doch auch auf hanseatischen, dänischen und englischen Seglern.

Die Handels-Seefahrt führte die Insulaner über alle Ozeane unserer Erde, und auch hier kam es darauf an, wegen des Verdienstes einen höheren Mannschaftsrang zu bekleiden, »so daß die Navigationsschulen auf den Inseln noch eifriger besucht wurden als früher«. Die Handels-Seefahrt änderte die Lebensverhältnisse der Insulaner. Während die Walfänger nur einige Monate unterwegs waren, dauerten die Handelsfahrten Jahre. Nur kurzfristig war Gelegenheit, die Heimatinsel zu besuchen. Deshalb nahm mancher Kapitän seine Familie mit an Bord. Chronisten jener Zeit bemerkten, daß »die einfachen Inselfriesen mit der großen Welt in Berührung kamen, mancherlei fremde Sitten annahmen und neue Moden auf die Inseln brachten, wozu die Grönlandfahrt keine Gelegenheit bot«.

Auch die Handels-Seefahrt hatte viele Gefahren: Skorbut, die gefürchtete Mangelkrankheit, Klima und Krankheiten tropischer Länder, Stürme und Taifune, vor allem bei der Umrundung des gefürchteten Kap Hoorns, sowie Kaperer und Seeräuber.

Walfang und Handels-Seefahrt schufen eine jahrhundertelange Verbindung zu Holland, so daß ein starker Einfluß auf das Inselleben, besonders in der Wohnkultur, der Kleidermode, den Vor- und Familiennamen und der Sprache, zu verzeichnen war.

Das »Goldene Zeitalter« ging dann um 1800 durch die napoleonischen Kriegswirren und durch den Krieg zwischen England und Dänemark jäh zu Ende. Holland verlor seine Vormachtstellung in der Seefahrt, die kriegsbedingt für längere Zeit blockiert wurde. Grönland- und Handelsfahrt lebten zwar später wieder auf, jedoch mit wesentlich geringerer Beteiligung der Insulaner. Um 1850 hatte Amrum nur noch wenige Commandeure und Kapitäne. Nach dem Kriege zwischen Dänemark und Preußen-Österreich im Jahre 1864 und der Einverleibung in das Deutsche Reich kam es noch einmal zu einer kurzen Blütezeit in der Handelsmarine. Aber durch preußische Verordnungen wurde die Erlangung von Steuermanns- und Kapitänsexamen erschwert, so daß sich immer mehr Insulaner von der Seefahrt abwandten.

Auswanderung

Der Krieg von 1864 hatte aber noch andere Folgen gehabt. Die Amrumer standen während der voraufgegangenen politischen und kriegerischen Auseinandersetzungen fast geschlossen auf seiten Dänemarks, nicht weil sie sich als Dänen fühlten, sondern weil sie hinsichtlich der Steuerzahlungen, der Wehrpflicht und der Verwaltung unter der dänischen Krone besondere Vorteile genossen. Diese Vergünstigungen wurden von deutscher Seite nicht gewährt, und ein großer Teil der jüngeren Insulaner wanderte nach Nordamerika aus. Zwischen 1867 und 1870 verlor Amrum etwa ein Viertel seiner Bevölkerung. Es wäre aber falsch, diese Massenauswanderung nur den neuen Staatsverhältnissen zuzuschreiben. Auch vor 1864 war schon ein Teil der Insulaner nach Australien und Amerika ausgewandert, weil Goldfunde und Abenteuer lockten. Die Auswanderung blieb auch in späteren Zeiten aktuell, besonders nach den beiden Weltkriegen. Heute leben mehr Amrumer in Amerika als auf der Insel selbst. Zu vielen bestehen noch familiäre Verbindungen, manche aber sind verschollen.

Landwirtschaft

Versandetes Ackerland im Bereich der Dünen ist ein Beweis für die umfangreiche Feldbestellung während des Mittelalters. Auch die Viehzucht hatte auf den damals noch ausgedehnten Marschenländereien große Bedeutung. Während der Neuzeit war die Landwirtschaft, verglichen mit dem zur See gewandten Erwerbsleben, jedoch nur zweitrangig.

Die Erklärung dafür ist einfach. Die Männer waren während des Sommerhalbjahres auf See, so daß die Feldarbeit und Viehhaltung von den Frauen besorgt werden mußte. Dafür blieb neben den häuslichen Arbeiten jedoch nur wenig Zeit. Außerdem war der Boden durch überwehten Dünensand oder Heidebewuchs in zahlreichen Lagen nicht sehr ertragreich, so daß die Feldbestellung kaum lohnte.

Das änderte sich erst nach 1800. Das Ende des »Goldenen Zeitalters« zwang die Insulaner, sich auf ihrem eigenen Boden zu er-

Die Amrumer Feldmark mit Resten von Ackerwällen aus der Zeit der Landreform

nähren. Für viele wurde die Landwirtschaft nun zum Beruf. An den Häusern wurden Scheunen und Ställe angebaut, und ein großer Teil des brachliegenden, bereits mit Heide bewachsenen Bodens kam wieder unter den Pflug. Günstig wirkte sich auch die 1799 durchgeführte Landreform aus. Das bisher von den Landbesitzern gemeinschaftlich genutzte Land wurde nach den ererbten und erworbenen Rechten der einzelnen Anteiler aufgemessen und zum festen Besitz verteilt. Jeder konnte nun nach eigenem Gutdünken und zu seinem eigenen Nutzen arbeiten.

Wenn die Erträge auf dem unfruchtbaren Geestboden auch nicht sehr hoch waren, so wurde die Landwirtschaft im 19. Jahrhundert doch die wichtigste Ernährungsgrundlage der Inselbevölkerung. Als es dann aber im Jahre 1890 zur Gründung von Seebädern auf Amrum kam, entwickelte sich die Landwirtschaft wieder zurück. Dieser Vorgang dauert bis in die Gegenwart an. Scheune und Ställe wurden und werden als Gästezimmer umgestaltet, weil man mit Kurgästen mehr Geld verdienen kann als mit Kühen. Zur Zeit (1970) gibt es nur noch sieben landwirtschaftliche Betriebe auf Amrum. Ein großer Teil des Bodens wird nicht mehr bearbeitet.

Austernfischerei

Die Austernfischerei war ein altes und bedeutendes Gewerbe für die Insulaner. Schon im 11. Jahrhundert wurden die Austernbänke im nordfriesischen Wattenmeer als königliches und landesfürstliches Regal bewirtschaftet. An der Austernfischerei nahmen bis zu zwanzig Kutter von Amrum teil.

Die Amrumer Austernfischer hatten ihre Station auf Steenodde oder innerhalb des Kniephafens. Von hier segelten sie zu den vom Austernkommissar angewiesenen Bänken, ließen ihre Streicheisen zu Grunde und zogen in langsamer Fahrt über die Bank. Die Ausbeute des Tages wurde noch am gleichen Abend in Tonnen verpackt und versandt. Doch wurden je Tonne zwei Austern für den Pastor zurückgehalten. Dafür mußte er die Austernfischer im Kirchengebet bedenken.

In der Regel waren die Austernbänke an Kaufleute verpachtet. Die Austernfischer waren gegen festen Lohn beschäftigt, doch mußten sie auch ohne Entlöhnung Deputat-Austern für den Hof des Königs oder des Herzogs fischen. Im 19. Jahrhundert begann sich dann der Raubbau an den Austernbänken bemerkbar zu machen. Viele Bänke waren leergefischt und mußten mit Saataustern wieder besiedelt werden. Aber der Ertrag ging weiter zurück, und im Jahre 1906 wurden die letzten drei Amrumer Austernkutter von der Pachtgesellschaft entlassen. Um 1925 wurde die Austernfischerei völlig eingestellt.

Jagd- und Entenfang

Die Jagd auf der Insel und im Wattenmeer war seit alters her frei. Kein König oder Herzog machte auf Amrum Rechte geltend, dafür die Insulaner um so mehr von ihrer Freiheit Gebrauch. Es gab in früheren Jahrhunderten kaum einen Hausstand auf der

Insel, in dem nicht Netze, Fallen, Flinten und andere Jagd- oder Angelgeräte vorhanden waren. Vor allem wurde den Wildkaninchen nachgestellt, und zwar vorwiegend mit »Stricken«, Schlingen, die auf dem Wechsel der Kaninchen standen. Erst nach 1900 kamen Tellereisen und Flinte in Gebrauch.

Von Bedeutung war auch die Seehundsjagd. Das Fell wurde für mancherlei modische Sachen verwendet, die Speckschicht zu Tran ausgekocht und die Leber als Leckerbissen gebraten.

Wildenten und Wildgänse, vor allem Ringelgänse wurden im Watt mit Stellnetzen oder Klappnetzen gefangen. Das Schießen auf Wassergeflügel wurde möglichst vermieden, um den Ertrag der Vogelkoje nicht zu vermindern. Durch Schüsse wurden die Vögel zu sehr beunruhigt, so daß sie vorzeitig abzogen.

Der Entenfang in der *Vogelkoje* war zeitweilig sehr erfolgreich. Die Vogelkoje wurde im Jahre 1866 angelegt, und zwar nach dem Vorbild der Kojen auf der Nachbarinsel Föhr. Dort war schon im Jahre 1730 nach holländischem Muster eine erste Entenfanganlage eingerichtet worden.

Die Amrumer Vogelkoje wurde auf Rechnung einer Interessengemeinschaft angelegt, die 80 Anteile verkaufte. Damit der Anteil möglichst vielen zugute kam, wurde festgelegt, daß eine Person nur zwei Lose erwerben durfte. Ferner wurde bestimmt, daß nur Insulaner Anteile besitzen sollten.

Jedes Dorf hatte seine festgelegten Fangtage. Die Vorsteher der einzelnen dörflichen Kojengemeinschaften holten abends den Tagesfang ab und verteilten die Enten auf die einzelnen Lose. Gefangen wurden in der Amrumer Vogelkoje vor allem Spießenten, daneben Pfeifenten und Krickenten. Nach Ausweis der Kojenbücher wurden von 1866 bis 1936, dem Jahr der Stillegung, rund 420 000 Enten gefangen. Aber in den letzten Jahren lohnte der Fang schon nicht mehr. Rücksichtslose Ausbeutung und die Unruhe des wachsenden Fremdenverkehrs, auch Flüge und Schießübungen des Militärs auf der Nachbarinsel Sylt, zwangen zur Aufgabe des Entenfanges.

Eine zweite Vogelkoje, im Jahre 1883 zwischen dem Leuchtturm und Wittdün erbaut, war nur wenige Jahre in Betrieb. Die Gründung des Badeortes vertrieb die scheuen Wildenten und die Eigentümer der Koje wurden mit einer Entschädigung abgefunden.

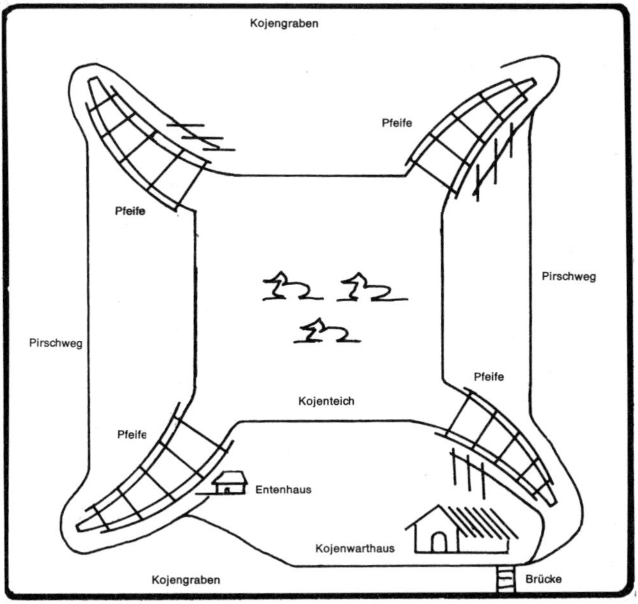

Das Fangsystem der Amrumer Vogelkoje: Vom quadratischen Kojenteich zweigten bogenartige Seitenkanäle ab, sogenannte »Pfeifen«. Diese Pfeifen waren mit Netzen allseitig umspannt, jedoch zum Teich hin offen. Die auf dem Teich eingefallenen Wildenten wurden mittels Futter und Lockenten in die Pfeife gelockt. Dann trieb der Kojenwärter, der sich bisher hinter Schilfkulissen verbarg, die Enten zum Pfeifenende, wo sich eine Reusenanlage befand. Hier wurden die Enten einzeln herausgeholt und »geringelt«, wie man das rasch und schmerzlos tötende Halsumdrehen nannte. Im »Entenhaus« wurden die Lockenten, gezähmte und kupierte Wildenten, gehalten. Die Brücke über den breiten Graben war während der Fangzeit von September bis Dezember hochgezogen, so daß niemand unbefugt die Kojenanlage betreten konnte.

Strandsegen

Der Strandsegen, – Holztrümmer, Tauwerk, Segeltuch und die Frachtgüter gestrandeter Schiffe –, spielte auf Amrum in der Vergangenheit eine nicht unwesentliche Rolle. Die Schiffstrümmer wurden als Baumaterial oder Brennholz, die Frachtgüter für den Lebensunterhalt verwendet oder verkauft. Doch das Bergen von Strandgut, mit der Absicht, es für sich zu behalten, war den Insulanern durch die Obrigkeit verboten und galt als Strandraub, der mit empfindlichen Strafen bedroht war. Um das Leben und die Rechte der Schiffbrüchigen gegen »Strandräuber« zu sichern, wurden schon im 15. Jahrhundert durch die regierenden Herzöge und Könige Strandgesetze erlassen und Strandvögte eingesetzt, die über die Einhaltung der Gesetze wachen und das Strandgut bergen sollten. Allerdings waren die ersten Strandgesetze wenig human, da in der Regel der Schiffbrüchige bzw. die Reederei nur ein Drittel des geborgenen Schiffs- und Warengutes beanspruchen konnte. Die restlichen zwei Drittel behielten Obrigkeit und Strandvogt. Erst zu Anfang des 19. Jahrhunderts wurden dem Eigentümer bei Zahlung von Bergelohn die vollen Rechte an Schiff und Ladung zuerkannt. Doch die Strandgänger kümmerten sich nie um Gesetze. Sie hatten ihr eigenes Gesetz und bargen, was an lose antreibenden Gütern oder von gestrandeten Schiffen zu bergen war.

Eine andere Form von Strandsegen bestand darin, gestrandete Schiffe wieder flott zu machen, um die relativ hohe Bergungsprämie zu kassieren. Besonders im 19. Jahrhundert wurden hierbei von einzelnen Insulanern, vor allem von der Strandvogt-Generation Volkert Quedens, große Gewinne gemacht.

Wie z. B. auf Helgoland, so überwog auch auf Amrum der Wert des »Strandsegens« oft die Erträge aus anderen Erwerbszweigen.

Die Amrumer Mühlen

Auf dem höchsten Geestrücken der Insel, dem »Mallnberrag«, steht eine Windmühle. Wenn sie auch seit dem Jahre 1964 nicht mehr in Betrieb ist, so ist sie doch ein lebendiges Bauwerk geblie-

Die Windmühle bei Nebel

ben. Bei wechselndem Wind dreht die Windrose die Mühlenhaube mit den Flügeln, so daß diese gegen die Windrichtung stehen. Und bei einem Todesfall auf der Insel werden die Mühlenflügel aus der Ruhestellung, der »Schere«, in das »Kreuz« gestellt, solange bis die Beerdigung stattgefunden hat.

Ein Grabstein auf dem Friedhof von Nebel erzählt, daß die Mühle im Jahre 1771 durch Erk Knudten erbaut wurde, und zwar als Graupenmühle im Typ eines Erdholländers. Die Getreideernte auf Amrum war in jener Zeit allerdings viel zu gering, um einen Müller zu ernähren. Deshalb wurde Getreide von Husum geholt und gemahlen wieder zurückgebracht. Eines nämlich hatte der Amrumer Müller den Festlandsmühlen voraus: — Wind.

Seit dem Jahre 1846 ist die Mühle im Besitz der Familie Kristensen gewesen. Der letzte Müller, Hans Kristensen, war ein geschickter Handwerker und Erfinder. Er verbesserte manches an der Mühle, jedoch ohne das eigentliche Bild wesentlich zu verändern. Als die Mühle dann wegen Unrentabilität stillgelegt werden mußte, wurde durch die Initiative des Inselpastors Pörksen der »Verein zur Erhaltung der Amrumer Windmühle« gegründet. Die Mühle wurde gekauft und in Pflege genommen. Der ehemalige Lagerraum wurde als Heimatmuseum ausgebaut.

Nahe bei Süddorf steht noch eine zweite Mühle. Sie stand ursprünglich auf Sylt und wurde gegen Ende des vorigen Jahrhunderts nach Amrum gebracht. Doch war sie nur wenige Jahrzehnte in Betrieb. Der einzigste Sohn des Müllers Andresen kehrte aus dem letzten Weltkrieg nicht zurück, die Mühle wurde an einen Hamburger Architekten verkauft und als Wohnung ausgebaut.

Kirche und Friedhof

Mittelpunkt des kirchlichen Lebens auf Amrum ist die St. Clemens-Kirche in Nebel. Sie wird urkundlich zum ersten Male im Jahre 1240 erwähnt und ist vermutlich um 1200 erbaut. Dabei mag es sich zunächst um einen Holzbau gehandelt haben, wie er damals in der nordischen Kirchenprovinz weit verbreitet war. Wahrscheinlich ist auch, daß die Amrumer Kirche nur eine Filialkirche von St. Johannes zu Nieblum auf Föhr war. Daß die Kirche dem heiligen Sankt Clemens geweiht wurde, war kein Zufall, denn er war Schutzpatron der Seefahrer.

Die Legende berichtet, daß es seinerzeit nur die beiden Orte Norddorf und Süddorf gab, deren Bewohner sich nicht über den Standort der Kirche einigen konnten. Sie wurde deshalb zwischen den Dörfern erbaut, allerdings näher bei Süddorf. Dafür erhielt Norddorf das Pastorat. Es wurde erst 1758 nach Nebel verlegt. Aus der ältesten Zeit liegen nur wenige Nachrichten vor. Die Reformation setzte sich hier 1524 durch, und der damalige Prediger trat zur neuen Lehre über. Von den nachfolgenden Pastoren haben viele einen bleibenden Platz in der Inselgeschichte gefunden. Manche wirkten über ein halbes Jahrhundert an der Kirche und waren durch Heirat mit anderen Inselfamilien verbunden, so Martin Flor (1630–1686) und die Pastoren Mechlenburg, die in drei Generationen von 1739 bis 1875 auf Amrum tätig waren. Ihre Namen sind noch auf der Insel vorhanden.

Die reetgedeckte Kirche von Osten gesehen

Das Innere der St. Clemens-Kirche

Liegeplatte des »achtbaren Ratmannes Harck Rörden« auf dem Friedhof von Nebel und Grabstein des »wohledlen Captein Nickels Nahmens«

Pastor Lorenz Friedrich Mechlenburg war der letzte Pastor, der Abgaben aus der Bevölkerung erhielt und sich vom Ertrag der umfangreichen Kirchenländereien ernähren mußte. Nach seiner Zeit wurde die feste Besoldung eingeführt. Das Pastorat lag damals noch auf einem Anger nördlich der Kirche, als Friesenhaus mit Scheune und Stall.

Erst im Jahre 1908 erhielt die St. Clemenskirche ihr heutiges Gesicht. In diesem Jahre wurde der Turm angebaut. Bis dahin stand hier ein einfaches Holzgestell mit einer Betglocke.

Das Innere der Kirche ist vor einigen Jahren renoviert worden, wobei die alten Eigenheiten wieder zur Geltung kamen. Von der Ausstattung ist vor allem die Apostelreihe an der Ostwand zu nennen, — es ist das Schnitzwerk eines unbekannten Meisters aus dem 14. Jahrhundert. Der Taufstein aus Granit ist ebenso alt wie die Kirche. Altarbild, Kanzel und Schalldeckel sind Stiftungen um die Mitte des 17. Jahrhunderts, ebenso die beiden Kronleuchter, die von erfolgreichen Seefahrern der Heimatkirche gestiftet wurden.

Der Friedhof von Nebel ist wegen seiner alten Grabsteine interessant. Sie stammen zeitlich aus dem Ende des 17., dem 18. und den ersten Jahrzehnten des 19. Jahrhunderts. Insgesamt stehen 90 Steine unter Denkmalsschutz. Die meisten davon sind an dem Friedhofswall aufgestellt, eine Reihe besonders kunstvoller Steine ist am Ehrenmal gruppiert, einige der großen Liegeplatten sind an der Kirchenmauer zu finden.

Was diese Grabsteine auszeichnet, sind ihre Giebel mit bildlichen Darstellungen, vor allem mit Schiffen, von kleinen Küstenseglern bis zu bewaffneten Handelsfregatten. Darunter stehen in erhabener oder vertiefter Schrift neben den Geburts- und Sterbedaten ausführliche Lebensläufe, die von Glück oder Unglück und ungewöhnlichen Abenteuern berichten. Lesenswert ist vor allem der Grabstein von Hark Olufs, der als 14jähriger Knabe in die Hände von türkischen Seeräubern fiel, als Sklave verkauft wurde und nach zwölf Jahren als reicher Mann zurückkam, und der Grabstein des Vaters Oluf Jensen, der unverzagt auf die Heimkehr seines einzigen Sohnes wartete.

Ein großer Teil der Steine wurde von Jan Peters, einem gelernten Tischler aus Nebel, angefertigt. Nur wenige Steine stammen von professionellen Steinmetzen.

Die Friesische Sprache

Die Amrumer selbst nennen ihre Sprache nicht friesisch, sondern amringisch. So heißt es z. B.: »Wi snake Ömrang« (Wir sprechen Amringisch). Auch die Föhrer, Sylter und Helgoländer bezeichnen ihre Muttersprache nach der jeweiligen Insel, so daß von kompetenter Seite die Frage gestellt wird, ob die Insulaner der Herkunft und Sprache nach wirklich überwiegend Friesen sind oder sich hier ein Rest des nordseegermanischen Sprachgebietes erhalten hat. Das ändert aber nichts daran, daß sich die eingeborenen Bewohner dieser Insel heute als Friesen bezeichnen.

Innerhalb der verschiedenen Inseldialekte besteht zwischen Föhr und Amrum mit geringen Abweichungen der gleiche Dia-

Konfirmandin in der Amrumer Friesentracht

lekt. Allgemein ist das Amringische aber etwas klangvoller, da häufig auf Amrum ein »a« gesprochen wird, wo der Föhringer ein »i« verwendet, z. B. »dalang — daling« (heute), »ilang — illing« (heute abend). Dagegen bestehen zu den Dialekten von Sylt und Helgoland gewisse Unterschiede. Während auf Sylt und Helgoland die Sprache stark rückläufig ist und in absehbarer Zeit verschwinden wird, ist das Föhr-Amringische noch überaus lebendig. Obwohl auch hier durch Einheirat von Auswärtigen und Abwanderung von Insulanern nach den USA oder zum Festlande eine Bevölkerungsumschichtung erfolgt und durch den Fremdenverkehr, durch die Schule oder das Fernsehen ein starker Andrang des Hochdeutschen zu verzeichnen ist, sprechen noch über 50% der Insulaner amringisch.

Besonders in älterer Zeit, als das Amringisch noch dominierte, nahmen die Eingewanderten die Inselsprache an. Heute ist dies nur noch bedingt der Fall, weil das Hochdeutsche in allen Lebensbereichen schon zu stark verbreitet ist.

Ein Nachteil der amringischen Sprache ist die Tatsache, daß seit etwa einhundert Jahren keine neuen Wörter mehr gebildet werden. Die Folge ist, daß zahlreiche Begriffe, besonders auf dem Gebiet der Technik, in hochdeutscher Bezeichnung in die amringische Sprache aufgenommen sind. Darunter leidet die Reinheit der Sprache sehr. Versuche für »Fernsehen«, »Illustrierte«, »Schwimmbad« usw. amringische Benennungen zu finden, dürften nicht schwierig sein. Aber es ist nahezu unmöglich, diese Benennungen in die amringische Sprache einzuführen, nachdem die hochdeutschen Begriffe schon eingewöhnt sind.

Nachteilig für die Erhaltung der Sprache ist sicherlich auch, daß sich nie eine Schriftsprache entwickelt hat und schon sehr früh das Niederdeutsche, ab 1620 das Hochdeutsche Amts- und Kirchensprache wurde. Letzteres erklärt auch die hochdeutschen Texte auf den alten Grabsteinen.

Die Friesentracht

Die Amrumer Frauentrachten waren in der Vergangenheit dem Wandel der Mode unterworfen. Den farbenfrohen Trachten des 17. und 18. Jahrhunderts folgte nach dem Ende des »Goldenen Zeitalters« eine schlichte, schmucklose Tracht. Um die Mitte des 19. Jahrhunderts entwickelte sich daraus dann die heutige Tracht, und zwar in drei Arten: Alltags-, Sonntags- und Festtagstracht. Die Alltagstracht mit ihrem schwarzen Tuch wird noch von einigen hochbetagten Frauen ständig getragen. Kennzeichnend sind die runde Kopfhaube, der lange Faltenrock, die enganliegenden Ärmel und das Brust und Rücken bedeckende schwarze Tuch. Die Sonntagstracht ist ähnlich, jedoch von feinerem Stoff, mit kunstvollen Stickereien und Silberknöpfen versehen. Auch die Festtagstracht hat die gleichen Formen, doch fällt sie auf durch ihren reichlichen Silberschmuck. Hauptstück ist ein Gliederband aus Filigran, das auf der Brust getragen wird. Die Mitte der Gliederkette wird von einem Mittelstück mit dem Symbol »Glaube, Liebe, Hoffnung« verziert. Die daran hängenden Ketten werden von acht bis zwölf Filigranknöpfen umrahmt. Die Kopfhaube ist mit Fransen geschmückt, und die an sich dunkle Tracht wird durch eine weiße Schürze aufgehellt.

In fast allen Amrumer Familien ist diese Tracht, von Generation zu Generation vererbt, noch vorhanden. Doch wird sie nur noch bei besonderen Anlässen, etwa Hochzeiten oder Konfirmation, gezeigt.

Sitten und Gebräuche

Im früheren Volksleben der Insel Amrum gab es zahlreiche Sitten und Bräuche, die sich vor allem auf Familie und Kirche bezogen. Geburt und Taufe, Verlobung und Hochzeit, Konfirmation oder Todesfall hatten ihre festen Regeln hinsichtlich des Kirchganges, der Kleidung und des Ablaufes der Feier. Doch mit der Zeit vernachlässigte man diese eigenen Regeln und heute gibt es in dieser Beziehung keine besonderen Bräuche mehr. Feste und Feiern in Familie und Kirche haben sich dem allgemein üblichen Rahmen angepaßt, abgesehen vom Tragen der Friesentracht bei der Konfirmation.

Von den alten Volksbräuchen haben sich nur das Hulken und das Biaken bis in die Gegenwart erhalten können, wohl nur deshalb, weil damit ein loses und lustiges Treiben verbunden ist. Das Hulken geschieht Altjahrsabend und beginnt in der Abenddämmerung damit, daß sich die Kinder verkleiden und von Haus zu Haus ziehen. In den Häusern wünschen sie »Segent Neijuar«, gesegnetes Neujahr, erhalten in ihren Taschen und Körben mancherlei Näschereien und gehen wieder hinaus. Vom späten Abend bis gegen Mitternacht folgen dann die Jugendlichen und Erwachsenen. Sie treten teilweise in originellen Masken und Verkleidungen auf, und manche haben auch ein lustiges Singspiel oder Karikaturen zu dörflichen Ereignissen ausgedacht. Wie bei den Kindern, so ist auch bei den Älteren die Verkleidung oft so gut, daß sie unerkannt wieder verschwinden können, nachdem der Segenswunsch zum neuen Jahr mit einem Schnaps quittiert worden ist.

Ein anderes Brauchtum ist das Biaken, das noch auf die heidnische Zeit zurückgeht. Das Biaken wird als Bake, als Feuerzeichen gedeutet und war ursprünglich Wotan geweiht. Die Teilnehmer umtanzten das Feuer und riefen dabei: »Wodke täre«, Wotan zehre. Vergeblich versuchten die Priester nach der Christianisierung, diesen Brauch auszurotten. Schließlich verbanden sie das Biaken am Abend des 21. Februars mit einem christlichen Datum, Petri Stuhlfeier am 22. Februar. Aber der heidnische Brauch blieb bis in das 17. Jahrhundert hinein bestehen.

Im 17. und 18. Jahrhundert wurde das Biaken ein Abschiedsfest für die Seefahrer, die am Tage danach mit Schmackschiffen die Heimatinsel verließen, um auf Walfang oder Handelsseefahrt zu gehen. Oft wurde mit dem Biaken ein Thing, eine Art Gericht, verbunden. Verordnungen wurden verkündet und Streitfragen geklärt. Das heutige Biaken läßt sich ebenfalls als Abschiedsfest deuten, nämlich als Abschied für den Winter. Es ist jedoch vorwiegend ein Fest für die Kinder geworden. Die größeren Schuljungen sammeln bereits im Januar brennbares Material, wobei die einzelnen Dörfer und Inseln miteinander um das größte Feuer wetteifern. Nach Einbruch der Dunkelheit wird das Feuer angezündet, die Kinder treiben mancherlei Streiche und schwärzen sich gegenseitig die Gesichter. Doch stehen auch viele Erwachsene am Feuer. Manche haben ihren Kindern einen »Piarder« gemacht, eine Stoff- oder Strohpuppe in häßlichen Lumpen. Sie symbolisiert das Böse und wird als Fackel verbrannt.

Friesenhaus in Nebel

Die Inseldörfer

Nebel

Von den fünf Dörfern der Insel hat sich Nebel in jüngerer Zeit zum Zentralort entwickelt. Die Amtsverwaltung und andere Behörden, Polizei, Schule, wichtige Handels- und Handwerksbetriebe haben sich im Ort oder im »Industrie-Gelände« bei Süddorf innerhalb der Gemeinde Nebel konzentriert. Darüber hinaus ist Nebel mit Kirche und Pastorat Mittelpunkt des kirchlichen Lebens, obwohl es in Norddorf und Wittdün Kapellen beider Konfessionen gibt.

Nebel heißt »Neues Bohl«, eine Ansiedlung um die zunächst frei im Felde stehende St. Clemens-Kirche. Anhand der wenigen Dokumente über die Inselverhältnisse in älterer Zeit läßt sich die Gründung des Dorfes in die ersten Jahrzehnte des 16. Jahrhunderts datieren. Nebel wuchs dann vor allem im »Goldenen Zeitalter« des Walfanges und der Handelsseefahrt, da zahlreiche Seefahrer sich in Nebel zur Ruhe setzten.

Im eigentlichen Ortskern um die Kirche hat Nebel seinen alten Charakter bis heute bewahren können. Hier liegen beiderseits der schmalen Gassen, amringisch »Jat« genannt, oder längs der Hauptstraße die reetgedeckten Friesenhäuser aus dem 18. und 19. Jahrhundert. Typisch sind die weißen oder roten Hausmauern, die Backengiebel mit ihren schmiedeeisernen Maueranken in Form von Namensinitialen oder Jahreszahlen der Erbauung, ferner die vielsprossigen Fenster und die oft schmalen Türen mit Rundbogen, meistens weiß und grün gestrichen. Um die Außenmauern liegt in der Regel ein Kopfsteinpflaster, um den blumenbunten Garten ein Erdwall mit Findlingen und Feldsteinen. In einzelnen Häusern sind auch noch innen einige typische Eigenheiten der früheren Wohnkultur oder der Hausaufteilung in Wohn- und Wirtschaftsräume vorhanden. Doch dürfen wir hier keine allzustrengen Maßstäbe anlegen, da durch mancherlei Erneuerung und Umbau, nicht zuletzt für den Fremdenverkehr, das Originale gelitten hat.

Um so begrüßenswerter ist es, daß man sich heute bemüht, wenigstens im Ortskern den Friesenstil, auch bei Neubauten, zu bewahren, nachdem dies im neuen Bebauungsbereich auf der Westerheide nicht gelungen ist, wo sich durch eine allzu liberale Baupolitik ein Durcheinander verschiedenster Baustile entfaltet hat. Auf der Westerheide, einer Heide und Ackerflur zwischen dem historischen Ortskern von Nebel und dem Wald am Dünenrande, hat sich in den Nachkriegsjahrzehnten eine rege Bautätigkeit entwickelt, wodurch sich die Zahl der Häuser und Einwohner verdoppelte. Ein großer Teil der Häuser und Grundstücke befindet sich jedoch in Händen von Auswärtigen, die nur in der Ferienzeit ihre Häuser bewohnen.

Nebel hat sich in wirtschaftlicher Hinsicht in den letzten Jahrzehnten ganz überwiegend dem Fremdenverkehr zugewandt. Neben zahlreichen Fremdenheimen und Pensionen vergrößerte sich auch das Angebot an Gastronomie. Die Gemeinde errichtete eine Strandhalle mit Restauration und Aufenthaltsräumen am Strande, gleichzeitig wurden eine Autostraße mit umfangreichem Parkplatz und ein fester Fußgängerweg zum Strande angelegt.

Der Ortskern von Süddorf

Landwirtschaft wird heute nur noch von einigen Hofstellen aus betrieben, doch teilweise nur noch als Nebenerwerb.

Zum Gemeindebereich von Nebel zählen auch Süddorf und Steenodde, doch gehen die Bestrebungen wieder dahin, alle Inseldörfer, darunter die 1912 bzw. 1925 selbständig gewordenen Gemeinden Wittdün und Norddorf wieder zu einer »Gesamtgemeinde Amrum« mit Zentralort Nebel zusammenzuschließen.

Süddorf

Süddorf ist zusammen mit Norddorf der nachweislich älteste Ort auf Amrum. Im Jahre 1464 werden beide Orte als Suder und Nortorp zum ersten Male urkundlich erwähnt, doch gibt es keinen Zweifel, daß diese Dörfer älter sind, zumindest so alt wie die im 13. Jahrhundert erbaute St. Clemens-Kirche.

Süddorf soll früher das bedeutendste Dorf der Insel gewesen sein. Hark Olufs wohnte hier im heutigen Hause Martinen,

Im Watt bei Steenodde

ebenso der Vater Oluf Jensen, der als Reeder über mehrere Handelsschiffe verfügte und den Amrumer Verhältnissen nach ein reicher Mann war. Darüber hinaus zeigt die Vermessungskarte vom Jahre 1799 einige stattliche Bauernhöfe in dem harmonisch geschlossenen Ort. Süddorf hat bis heute etwas von der früheren ländlichen Gemütlichkeit bewahrt. Mehrere Höfe betreiben noch Landwirtschaft. Am Fremdenverkehr hatte Süddorf zunächst nur einen bescheidenen Anteil. Erst nach dem letzten Weltkriege wurde der geschlossene Rahmen des Dorfes gesprengt. Die Heide nordwestlich vom Ort wurde bebaut, so daß eine geografische und auch wirtschaftliche Entwicklung zum Strand hin erfolgte.

Steenodde

Steenodde heißt Steinspitze. Der Name bezieht sich auf die Ausbuchtung der Geest, deren Rand am Wattufer vom Meer angeschnitten ist, wobei Geröll und Findlinge zutage treten.

»Uaster-Anj«, der alte Ostteil von Norddorf

Gräber der Vor- und Frühzeit weisen auf eine alte und langandauernde Besiedlung der Geesthöhe von Steenodde hin. Doch der heutige Ort wurde erst im Jahre 1721 gegründet. Der Hamburger Großkaufmann Friedebeck erbaute hier ein Haus, das offenbar im Zusammenhang mit der Austernfischerei stand. Es blieb aber für lange Zeit das einzigste Haus auf Steenodde, das nächste wurde im Jahre 1852 gebaut.

Kurz vor der Jahrhundertwende erhielt Steenodde eine Brücke für Passagier- und Frachtverkehr. Über diese, der Gemeinde Nebel gehörenden Brücke geht auch heute noch der Groß- und Massengutverkehr zu den Inseldörfern. Trotz dieser Hafenlage ist der Ort aber nur zögernd gewachsen, die mit Verkehr und Hafen verbundene Geschäftigkeit blieb aus. Nur für kurze Zeit bestand eine kleine Schiffswerft auf dem Sandwall am Ufer, und von 1960 bis 1970 war Steenodde Sitz der »Amrumer Schiffahrts AG«.

Das Zentrum von Norddorf mit dem Kurpark

Norddorf

Die beiden ältesten Inseldörfer Süddorf und Norddorf fallen durch ihre niederdeutschen Bezeichnungen auf, die im Gegensatz zu den Dorfnamen auf den Nachbarinseln stehen. Hier enden die Namen der meisten Dörfer mit -um (Utersum, Dunsum, Oldsum, Witsum usw. auf Föhr, Keitum, Morsum, Archsum, Tinnum usw. auf Sylt), was friesisch -heim bedeutet. Da Niederdeutsch gegen Ende des Mittelalters auf den Inseln noch keine Rolle spielte, ist auf ein späteres Gründungsdatum von Süddorf und Norddorf zu schließen und wirft gleichzeitig die Frage auf, ob es Vorläufer zu diesen beiden Dörfern gegeben hat. Diese Vorläufer könnten im Bereich der heutigen Dünen oder noch weiter westlich auf Landstrichen gelegen haben, die längst vom Meer abgetragen sind.

Da sich unter dem heutigen Norddorf bis zum Ostteil hin in etwa anderthalb Meter Tiefe eine Schicht von Dünensand befindet, in der bei Ausschachtungsarbeiten immer wieder Gerät und Waffen aus der Vor- und Frühzeit entdeckt werden, läßt sich vermuten, daß der Vorläufer von Norddorf am gleichen Platz gestanden hat, jedoch zu einer unbestimmbaren Zeit von Dünen versandet wurde. Erst nach dem Stillstand der Versandung und dem Auftrag von Erde entstand dann das neue Dorf, das mit seinen noch heute erkennbaren Terrassenstufen am Geestabhang zwischen Dünen, Heide und Wattwiesen eine reizvolle Lage bot.

Das alte Norddorf, dessen Ortsplan uns erstmals durch eine Vermessungskarte aus dem Jahre 1799 vermittelt wird, ist heute bis auf einen Rest verschwunden. Norddorf ist mehrfach ganz abgebrannt, doch erst durch die Baustile der Gründerzeit erhielt das Dorf ein anderes Gesicht. Ein deutliches Beispiel für die wenig geschmackvollen Baustile der Gründerzeit bietet noch heute die Strandstraße sowie der südöstlich und westliche Dorfteil, deren Häuser nach Gründung des Seebades gebaut wurden.

Als im August 1925 das zunächst reetgedeckte Ambronenhaus abbrannte, wurden in der Windrichtung nach Osten hin zehn alte Friesenhäuser durch das übergreifende Feuer zerstört. Der größte Teil der abgebrannten Häuser wurde dann im Friesenstile durch einen Sylter Architekten wiederaufgebaut, jedoch mit einem Pfannendach versehen. (Deutlich erkennen wir am Marschenrande von Norddorf diese, sich im Stile gleichenden Häuser, die nach alter Sitte an den Mauern in Form von schmiedeeisernen Maueranker das Jahr ihrer Erbauung, 1926, tragen.)

So finden wir gegenwärtig mit einigen Ausnahmen nur noch im Ostteil von Norddorf, dem sogenannten »Uaster-Anj« (Oster-Ende), eine größere Zahl alter Friesenhäuser.

Nach Anlage der Seehospize, dem Seehospiz I nördlich von Norddorf und den Seehospizen II—IV am Norddorfer Strandweg, entwickelte sich das Dorf seit 1890 zum größten Kurort der Insel.

Gründung und Entwicklung der Seebäder

Amrum wurde im Jahre 1890 Seebad. Doch der Anstoß dazu kam nicht von einem Insulaner, sondern von einem auswärtigen Besucher namens Schulze-Waldhausen.

Schulze-Waldhausen war Architekt und passionierter Landschaftsmaler. Er stammte aus Hannover und besuchte als Kurgast seit einiger Zeit das Seebad Wyk. Im August des Jahres

Seehospiz I

1885 kam er für einige Tage von Wyk aus nach Amrum, um hier zu malen. Dabei entdeckte er die landschaftlichen Reize dieser Insel — und die Möglichkeit, hier ein Seebad anzulegen.

Umgehend stellte er einen Antrag an die Gemeinde Amrum mit der Bitte, die Badekonzession für die Anlage eines Seebades in der Nähe des Leuchtturmes zu erhalten, »da man am Fuße des Leuchtturmes die ganze Schönheit der Insel mit Leichtigkeit genießen kann«. In seinem Antrag nannte er die Vorteile, die sich in »pekuniärer Hinsicht« für die Insulaner ergeben würden, »da Handel und Wandel sich heben und ein Arzt herbeigeschafft würde«.

Doch die Gemeindevertretung lehnte am folgenden Tag, am 1. September 1885, den Antrag einstimmig ab, »da man den Verderb der guten hiesigen Sitten durch Badeleute befürchten muß, wie Beispiele im benachbarten Wyk und Westerland zur Genüge beweisen«. Befürchtet wurde auch, daß die Insulaner sich in der Lebenshaltung den »neuen Moden anpassen und in Luxus leben würden«. Man wies darauf hin, daß es nicht Sitte sei, »daß hiesige Einwohner ins Wirtshaus gehen«, und Handel und Wandel sich sicherlich heben, »doch auswärtige Kapitalisten dabei ihren Profit machen würden«. »Wohl werden Arzt und Apotheke herbeigeführt, doch nur während des Sommers, während sich doch im Winter das Bedürfnis viel spürbarer macht«. Abschließend gelangte die Gemeindevertretung zu der Überzeugung, »daß die Anlage eines Seebades für Amrum kein dauernder Segen sein kann«.

Aber die Bestrebungen gingen weiter. Schulze-Waldhausen kaufte sich ein Haus auf Steenodde und gründete einen Fremdenverkehrsverein, dem mehrere Insulaner beitraten. Insgesamt wurden 65 Fremdenbetten zur Verfügung gestellt.

Im Frühjahr des Jahres 1886 erhielt die Gemeindevertretung durch den Königlichen Landvogt die Order, »die Badekonzession zu erteilen und dafür eine Person namhaft zu machen«. Noch einige Jahre wurde die Entwicklung zum Seebad verzögert, aber um so überstürzter kam es dann zur Gründung und zum Aufbau des Badeortes Wittdün. Zahlreiche Interessenten meldeten sich, um Land auf der noch unbesiedelten Amrumer Südspitze zu kaufen. Vor allem waren es Auswärtige, darunter auch Schulze-Waldhausen. Doch den größten Teil der Amrumer Südspitze sowie die Badekonzession erhielt der in Süddorf wohnende Kapitän Volkert Martin Quedens. Er ließ im Frühjahr 1889 aus Fertigteilen ein Hotel errichten und eröffnete noch im Sommer des gleichen Jahres die erste Saison. Wenig später erbaute der Helgoländer Kapitän Paul Köhn sein »Strandhotel«. Damit war der Anfang auf der Südspitze Wittdün gemacht. Offiziell wurde die Badekonzession am 10. Mai des Jahres 1890 erteilt.

Doch schon zwei Jahre später gaben die beiden Kapitäne ihre Gründungen auf und verkauften Hotels und Konzession an den Hotelier Heinrich Andresen. Heinrich Andresen stammte aus der damaligen Kreisstadt Tondern. Er gründete zusammen mit dem Bankdirektor Fast eine »Aktiengesellschaft Wittdün-Amrum« (AGWA) und begann in großem Stile auf Wittdün zu bauen. Kurhaus und »Kaiserhof«, ein Verwaltungsgebäude und eine Fahrkarten- und Verkaufsbaracke entstanden. Wittdün wurde an die bestehenden Schiffslinien angeschlossen, und eine Bahn zum Bad auf dem Kniepsande angelegt. Weitere Hotels, Pensionen und Villen wurden durch andere Interessenten erbaut und binnen

Pastor Friedrich von Bodelschwingh

weniger Jahre war auf der Amrumer Südspitze aus dem Dünensande ein Badeort gewachsen, dessen feudaler Charakter sogleich mit Wyk und Westerland konkurrierte.

Die Insulaner hatten diese Entwicklung, der sie noch immer ablehnend gegenüberstanden, vorausgesehen. Um »gegen das weltliche Badeleben ein christliches Gegengewicht zu schaffen«, war bereits im Jahre 1888 Pastor Friedrich von Bodelschwingh durch den Inselpastor Thamsen gebeten worden, nach Amrum zu kommen. Bodelschwingh verschloß sich der Bitte der Amrumer nicht, kam noch im gleichen Jahre auf die Insel und sprach in der vollbesetzten Kirche über Probleme und Folgen des Fremdenverkehrs. Nach Erkundungen der Strandverhältnisse und mehrfachen Beratungen mit der Gemeindevertretung kam es dann im Jahre 1890 zur Errichtung des ersten Seehospizes nördlich von Norddorf. Das Seehospiz I war ein Fertighaus aus Holz. Es wurde im Frühjahr 1890 mit einem Schiff von Skandinavien gebracht und in wenigen Wochen von einheimischen Handwerkern zusammengebaut. Bereits im ersten Sommer war der Besuch so groß, daß Pastor Friedrich von Bodelschwingh sich bald zum Bau weiterer Hospize entschloß.

Ein anderer auswärtiger Interessent, Heinrich Hüttmann aus Altona, kam im Jahre 1892 nach Norddorf und baute das kleine,

Das erste Hotel auf der Amrumer Südspitze Wittdün

leerstehende Schulhäuschen zu einem Hotel aus, das mit seinen Nebengebäuden noch heute im Ortszentrum dominiert.

Allmählich beteiligten sich dann auch die Insulaner durch Zimmervermietung oder den Bau neuer Pensionen und Geschäftshäuser am Fremdenverkehr, der im Laufe der nächsten Jahrzehnte für Norddorf die vorrangige Erwerbsquelle wurde. Schließlich wurde nach dem letzten Kriege auch der landwirtschaftliche Nebenerwerb ganz aufgegeben.

Bald nach der Gründung der Seebäder Wittdün und Norddorf kam es auch in der Inselmitte westlich von Nebel zur Anlage eines Kurhotels. Doch das »Kurhaus Satteldüne« konnte nicht bestehen, es wurde schon 1895 von der Aktiengesellschaft Wittdün übernommen und teilte das Schicksal Wittdüns. Erst nach 1925, als das reetgedeckte »Ambronenhaus« in Norddorf abbrannte und die Gäste dieses Hauses in Nebel einquartiert wurden, besannen sich die Einwohner von Nebel auf die wirtschaftlichen Möglichkeiten des Fremdenverkehrs. Offiziell wurde Nebel mit Süddorf jedoch erst im Jahre 1938 Seebad.

Wittdün

Wie schon im vorhergehenden Kapitel erwähnt, ist Wittdün als Badeort im Jahre 1890 auf der Amrumer Südspitze gleichen Namens gegründet. Wohl war es der Amrumer Kapitän Volkert Quedens, der die Gründung des Badeortes für sich in Anspruch nehmen konnte, aber der eigentliche Aufbau erfolgte durch die erwähnte Aktiengesellschaft unter deren Direktor Andresen.

Nach dem Bau von »Kurhaus« und »Kaiserhof« (heute Berlin-Wilhelmsdorfer Nordseeheim) wurden am Strande ein Warmbad und eine Holzpromenade errichtet. Weil der Brandungsschlag am Wittdüner Strand wegen des vorgelagerten Kniepsandes nicht kräftig genug war, verlegte die AGWA die Badeanlagen auf den Kniepsand. Auf hohen Ständern befanden sich dort die Kabinen des Damen- und Herrenbades, beide, der damaligen Sitte entsprechend, weit auseinanderliegend. Dazwischen wurde, ebenfalls auf sturmflutsicheren Ständern, eine Strandhalle erbaut, die als nobles Restaurant diente, aber auch der Musikkapelle Unterkunft bot, wenn sie nachmittags am Strande ihr Konzert gab.

Im Jahre 1894 wurde eine Bahn, Vorläufer der späteren »Inselbahn«, durch die Dünen über den Kniepsand bis unmittelbar zum Badestrand angelegt. Heinrich Andresen war ohne Zweifel ein Manager von Rang. Er sorgte für ausreichende Verkehrsverbindungen über Land und See nach Wittdün und förderte die Ansiedlung weiterer Interessenten, so daß in kurzer Zeit mehrere Hotels, Villen, Pensionen und Geschäftshäuser neben den Hotels der »Aktiengesellschaft Wittdün-Amrum« entstanden.

Seinem Charakter entsprechend wurde das Seebad von einem hochherrschaftlichen Publikum besucht, das ein feudales Gesellschafts- und Badeleben auf Wittdün entfaltete. So konnte nicht ausbleiben, daß die Insulaner dem Badeort Wittdün ablehnend, ja feindlich gegenüberstanden und als Fremdkörper auf ihrer Insel empfanden. Diese ablehnende Haltung verspürte vor allem der AGWA-Direktor Heinrich Andresen, dessen über Wittdün hinausgreifende Pläne in der Regel auf den Widerstand der Gemeindevertretung Amrums stießen.

Trotzdem errang sich Wittdün sehr bald einen guten Ruf und war nahe daran, Westerland auf Sylt den Rang streitig zu machen. Doch dazu kam es nicht mehr. Die AGWA hatte sich mit

Die Wittdüner Strandpromenade mit Badestrand und Hotelkulisse

Wittdün mit dem »Kurhaus«, wie es von 1892–1974 war

ihren Investitionen finanziell übernommen und mußte nach zwei verregneten Sommern mit schlechtem Besuch im Jahre 1906 den Konkurs anmelden.

Wittdün stürzte in eine jahrzehntelange Krise. Denn auch die Nachfolger der AGWA erlitten ein ähnliches Schicksal, so daß die Hotels und Badeeinrichtungen häufig ihren Besitzer wechselten. Dann kam der 1. Weltkrieg und damit für Jahre das Ende des Fremdenverkehrs. Dadurch wurde Wittdün besonders betroffen, denn immer noch war der Fremdenverkehr die alleinige Wirtschaftsgrundlage des Ortes.

Nach dem Weltkrieg blühte die Spekulation im Hinblick auf die deutsch-dänische Abstimmung. Ein dänischer Kinobesitzer kaufte fast alle Hotels, während das Kurhaus von einem französischen Bankier erworben wurde. Erst nach der Abstimmung und der Inflation normalisierten sich die Verhältnisse wieder. Die Hotels wurden von Wittdüner Bürgern gekauft und kamen damit in feste Hände. Das Kurhaus wurde zunächst von der Gemeinde erworben und dann an den Gewerkschaftsbund weiterverkauft. Es ließ sich aber nicht vermeiden, daß einige der Hotels in Kinderheime umgewandelt wurden, um einen ganzjährigen Betrieb zu gewährleisten. Nach dem erneuten Rückschlag durch den 2. Weltkrieg kam dann nach 1950 der Anstoß zu einer neuen Aufwärtsentwicklung. 1956 wurde ein Kurmittelhaus errichtet, und damit erhielt Wittdün den Status eines Heilbades. Auch der ganzjährige Betrieb der nun zahlreichen Kinderheime wirkte sich nicht ungünstig aus, da Dauerarbeitsplätze geschaffen und Handel und Handwerk beschäftigt wurden. Wittdün zeigte sich den neuzeitlichen Reisemoden gegenüber aufgeschlossen, — ein Campingplatz wurde zwischen dem Ort und dem Leuchtturm angelegt, ebenso ein Zeltplatz für den Verein für Freikörperkultur am Fuße der Leuchtturmdüne.

Bedingt durch die allgemeine rege Bautätigkeit, entstanden auch in Wittdün zahlreiche Privathäuser und Pensionen. Gemeinde- und Kurverwaltung konnten größere Vorhaben, wie Straßenbau, Kanalisation, Neubau der Gemeinde- und Kurverwaltung, Mehrzweckhalle, Erweiterung des Kurmittelhauses und Anlage eines Schwimmbades, durchführen. Eine neue Entwicklungsphase zeichnet sich gegenwärtig ab. Mehrere der alten, teilweise recht unansehnlichen Häuser aus der Gründerzeit sind abgebrochen und werden durch neuzeitliche Bauten ersetzt. Damit erhält das Ortsbild eine Harmonisierung. Rückläufig ist auch die Zahl der Kinderheime, so daß der eigentliche Fremdenverkehr heute wieder dominiert.

Über dem Schicksal Wittdüns stehen die Kolonistenworte: »Dem ersten den Tod – dem zweiten die Not – dem dritten das Brot«.

Amrum als Kur-Insel

Amrum hat von Anfang an als Seebad einen Weg gewählt, der sich über Krisen und zeitliche Veränderungen hinweg als der richtige erwiesen hat, nämlich den Weg eines Erholungs-Seebades, in dem gesellschaftliche Vergnügungen nur eine unbedeutende Rolle spielen. Selbst Wittdün, das zunächst vorrangig auf ein mondänes Badeleben ausgerichtet war, mußte sich nach jahrzehntelangen Krisen, die nicht zuletzt in diesem Stil begründet waren, auf den Weg eines Kurortes und ruhigen Familienbades ausrichten.

Amrum hat, von unvermeidlichen Randerscheinungen oder Begleitumständen des »Fortschrittes« abgesehen, bis heute seinen Charakter als Erholungsbad bewahren können und erfreut sich gerade deshalb eines Stammes treuer Kurgäste. Nach Feststellungen der Kurverwaltungen hat etwa die Hälfte der Kurgäste die Insel schon ein- oder mehrere Male besucht. Ein Sprichwort, auf den Amrumer Kurgast bezogen, heißt: »Ein Kurgast kommt einmal nach Amrum und immer wieder – oder er kommt einmal und nimmer wieder.« Damit ist der Inselkurgast treffend charakterisiert. Der Besucher Amrums sucht Erholung und Ruhe und wird beides in der unberührten Insellandschaft finden. Wer aber Zerstreuung und aufwendige Geselligkeit sucht, ist hier fehl am Platze, und er wird bald in ein anderes Seebad flüchten. Allerdings ist die Zahl der von Amrum flüchtenden Gäste sehr klein. »Wir müssen vielmehr«, sagte ein Amrumer Kurdirektor, »zahlreiche Flüchtlinge von Sylt aufnehmen.«

Neben den erholungsfördernden Eindrücken, die der Kurgast in der Amrumer Naturlandschaft empfängt, wirkt vor allem das Inselklima gesundheitsfördernd auf den menschlichen Organis-

Die Kinderheilstätte »Satteldüne« der LVA

mus ein. Das wesentlichste Merkmal des Inselklimas ist der Wind, der in wechselnden Stärken vorwiegend von Westen her über die Insel bläst und für den Salzgehalt und die Reinheit der Luft sorgt, wobei der menschliche Körper auf verschiedene Weise positiv beeinflußt wird. Hinsichtlich des Wetters wirkt sich der Wind so aus, daß kaum zusammenhängende Regentage auf der Insel zu verzeichnen sind. Immer wieder wird die Wolkendecke aufgerissen. Auch Nebeltage mit ihren bekannten Folgen für das menschliche Wohlbefinden sind auf der Insel selten. Professor Häberlin, der bekannte Mediziner, hat einmal gesagt: »Der Wind ist unsere Sonne« und damit die positiven Eigenschaften des Windes zum Ausdruck gebracht.

Bedingt durch den Einfluß des Meeres, herrscht auf der Insel ein ausgeglichenes Klima. Im Sommer sind unerträglich schwüle Tage selten, weil Feuchtigkeit und Kühle die sommerliche Hitze mildern. Andererseits fehlt es auch an übermäßig kalten Win-

Burgenbau, das Spiel mit Sand und Muscheln gehören zum Urlaub

tern, weil die Wärmespeicherung des Meeres sowie die Einwirkung des Golfstromes für eine gemäßigte Temperatur sorgen. Auch die Temperaturen zwischen Tag und Nacht unterliegen nicht den großen Schwankungen, die im Binnenlande üblich sind.

Ein wesentlicher Erholungswert kommt auch dem Baden im Meere zu. Hier ist es die Einwirkung des Salzwassers sowie die Massage der Brandung auf den Körper, die das Wohlbefinden steigern. Dem Sonnenbad kommt dagegen nur ein bedingter Erholungswert zu, der Hang zu Übertreibungen, vor allem um daheim mit der Urlaubsbräune zu prahlen, hat schon mancherlei Beschwerden verursacht. Sowohl beim Baden im Meer als auch beim Sonnenbad empfiehlt der Badearzt ein vorsichtiges Steigern. Empfindlichen Naturen wird sogar geraten, sich in den ersten Tagen weder der Sonne noch dem Meer auszusetzen, sondern zunächst an den Klimawechsel zu gewöhnen.

Nachdem gegen Ende des vorigen Jahrhunderts die Heilkräfte des Meeres durch die Medizin erforscht und erkannt wurden, begann neben der Förderung von Winterkuren auch die ganzjäh-

Auf dem Norddorfer Asphaltdeich

rige Kindererholung eine große Rolle zu spielen. Besonders in Wittdün wurden zahlreiche Kinderheime in den ehemaligen Hotels eröffnet, doch fehlt es an Kinderheimen auch in den anderen Inseldörfern nicht. Der Kindererholung dient auch der umfangreiche Gebäudekomplex an der Satteldüne. Zunächst handelt es sich auch hier um eine Seebadanlage, die vorwiegend vom Offiziersverein der Wandsbeker Husaren besucht wurde. Nach dem 1. Weltkrieg wurde das »Kurhotel Satteldüne« in ein Kindererholungsheim umgewandelt und nach Übernahme durch die Landesversicherungsanstalt während der letzten Jahrzehnte vielseitig ausgebaut. Rund 200 Kinder finden im sechswöchigen Aufenthalt hier Erholung oder Heilung von körperlicher Schwäche oder Krankheiten der Atemwege. Zur kompakten und gezielten Anwendung der Heilkräfte des Meeres wurden in Wittdün und Norddorf Kurmittelhäuser gebaut, die für Trinkkuren, Inhalationen, Schlickbäder und Massagen eingerichtet sind. Seit 1972 sind in Wittdün und Norddorf offene, beheizte Meerwasser-Schwimmbäder in Betrieb.

Wanderwege und Ausflüge

Nach der Luftlinie gemessen, ist Amrum nur reichlich 10 km lang und an der breitesten Stelle knapp 3 km breit. Dem entsprechend sind die Entfernungen und Wegstrecken so kurz, daß sich die Insel bequem zu Fuß erwandern und erforschen läßt. Wer dennoch unterwegs ermüdet, kann an einer der zahlreichen Haltestellen den Bus besteigen, um an sein Ziel zu gelangen. Ein Teil der nachstehend beschriebenen Wanderwege läßt sich auch mit dem Fahrrad befahren, während der Autoverkehr auf die Hauptstraße beschränkt ist. Die reizvollen Nebenwege sind in der Regel für den Autoverkehr gesperrt, so daß hier nachdrücklich auf die Fuß- oder Radwanderung hingewiesen sei.

A Von Norddorf aus rund um die Odde

Von Norddorf aus geht der Weg zunächst durch die Marsch zum Seehospiz I. Die grüne Marsch, zur See und zum Wattenmeer hin von Deichen umrahmt, zeigt uns ein buntes Bild von grasenden Kühen, meistens schwarzweißem Niederungsvieh, und verschiedensten Pferderassen, darunter zahlreichen Ponys, die dem Reitsport dienen. Doch zeugen auch viele brachliegende oder verschilfte Wiesen, die seit Jahren nicht mehr genutzt wurden, vom Niedergang der Landwirtschaft. Beiderseits des Weges sehen und hören wir zahlreiche Vögel, vor allem Kiebitze und Rotschenkel, die hier brüten oder ihre Jungen führen.

Zwischen dem Seehospiz und einem halbversandeten Bunker aus dem 1. Weltkrieg wandern wir nordwärts, am Schullandheim »Ban Horn« vorbei, zum Strande. Hier folgen wir dann dem Flutsaum, um die Nordspitze zu umrunden. Warntafeln weisen uns darauf hin, daß die Nordspitze Naturschutzgebiet und Seevogelfreistätte ist, die wir nicht betreten dürfen. Doch ist ein Rundgang an der Wasserlinie gestattet. Unmittelbar vor der ersten Düne der Nordspitze beachten wir einen kurzen, asphaltierten Deich, der 1955 gebaut werden mußte, weil die See hier durchbrach (siehe Seite 102). Ein anderer Gefahrenpunkt lag vor dem »Haustal«, wo noch zuletzt 1962 und 1965 die Flut einbrach. Durch Pflanzungen von Strandhafer und Buschzäunen ist hier aber inzwischen wieder ein hoher Sandwall angesammelt. Die

Der Vogelkojenwärter mit seinen Tieren

meisten der hohen Stranddünen fallen jedoch steil zum Strande ab, ein Zeichen, daß jede Sturmflut an den Dünen nagt. Auf diese Weise hat die Amrumer Nordspitze während der letzten einhundert Jahre etwa die Hälfte ihrer ursprünglichen Größe verloren. Allerdings läßt die Wanderung des Kniepsandes, der in seinen letzten Ausläufern eben nördlich des »Haustales« endet, hoffen, daß in absehbarer Zeit die Nordspitze einen besseren Schutz erhält.

Bei unserer Wanderung längs des Strandes fallen uns die zahlreichen Steine auf, die mancherorts geröllartig den Strandfuß bedecken. Sie verraten, daß sich unter den Dünen der Nordspitze eine flache Geestinsel verbirgt. Steine bedecken auch die breite Sandfläche an der äußersten Spitze, der Odde. Hier an der Odde haben sich bei Hochwasser zahlreiche Vögel versammelt, vor allem Austernfischer, die darauf warten, daß mit der Ebbe ihre Nahrungsplätze im Watt wieder frei werden. Auch zahlreiche

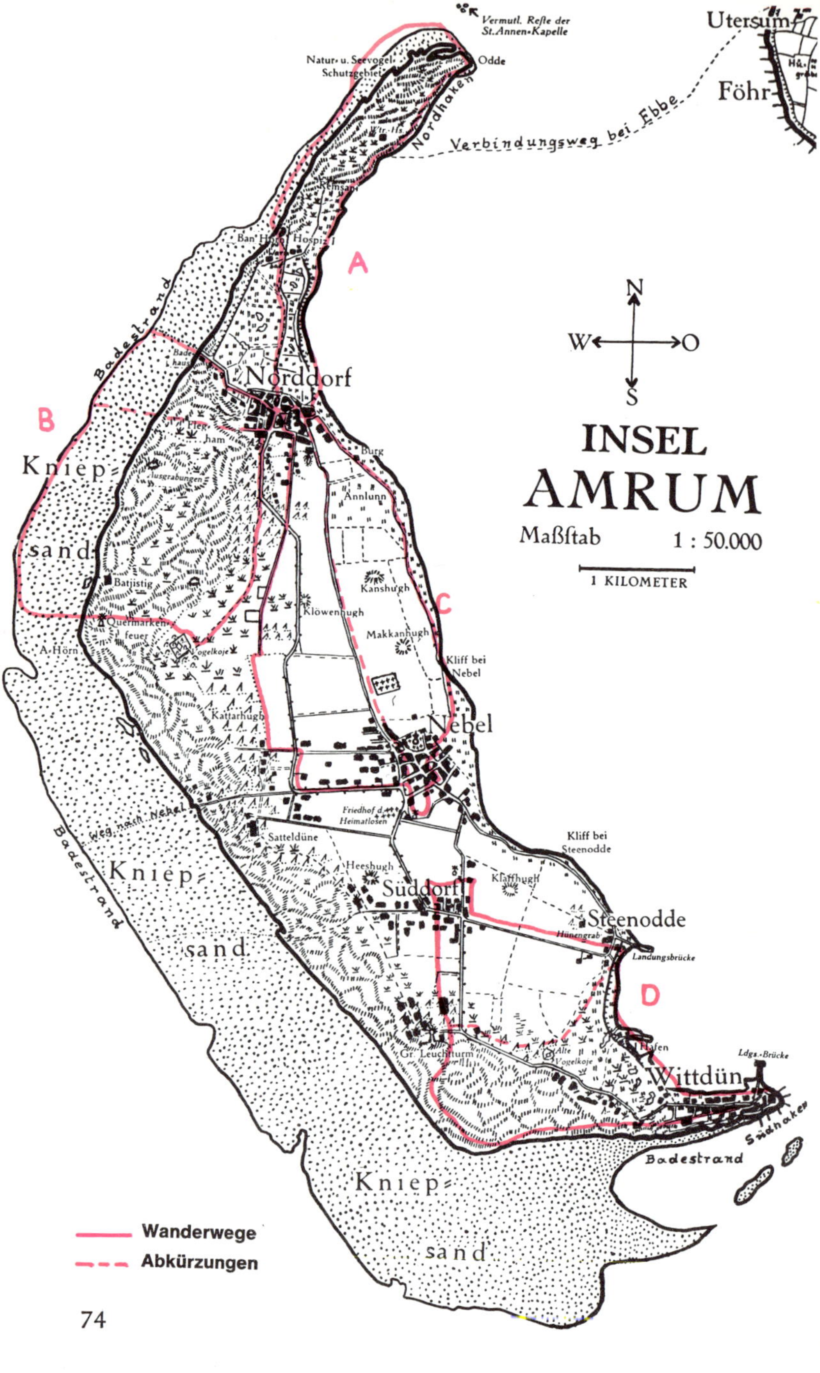

INSEL
AMRUM
Maßstab 1 : 50.000
1 KILOMETER
N
W
O
S
Vermutl. Reste der St. Annen-Kapelle
Utersum
Föhr
Natur- u. Seevogel-Schutzgebiet
Odde
Nordhaken
Verbindungsweg bei Ebbe
Hospiz I
A
B
C
D
Badestrand
Norddorf
Burg
Flerham
Ausgrabungen
Kniep-sand
Annlunn
Batjistig
Kanshugh
Klöwenhugh
Makkanhugh
Quermarken-feuer
Vogelkoje
A. Hörn
Kliff bei Nebel
Kattarhugh
Nebel
Weg nach Nebel
Friedhof d. Heimatlosen
Satteldüne
Heeshugh
Kliff bei Steenodde
Süddorf
Klaffhugh
Steenodde
Hünengrab
Landungsbrücke
Gr. Leuchtturm
Alte Vogelkoje
Hafen
Ldgs.-Brücke
Wittdün
Südhaken
Wanderwege
Abkürzungen

Eiderenten sehen wir hier, und dann und wann taucht auch ein Seehund aus dem Priel, dessen reißender Strom hier ein tiefes Bett gegraben hat.

Der Blick geht hinüber nach Föhr, dessen Dorf Utersum mit dem »Kurheim« der Bundesversicherungsanstalt nur etwa 2 km entfernt ist. Am Wattufer der Nordspitze geht es dann wieder zurück, wobei wir uns immer am Ufer halten, bis wir in Höhe vom Seehospiz I den Asphaltdeich erreichen. Auf dem Deich wandern wir bis Norddorf. Die Gesamtstrecke beträgt reichlich 8 km.

B Von Norddorf zur Vogelkoje, zum Quermarkenfeuer und am Strande zurück

Von Norddorf führt der Weg auf der L. 1. O. oder durch das Wäldchen, bis uns ein Schild auf der linken Straßenseite zur Vogelkoje und den Ausgrabungsstätten weist. Der schmale, sandige Weg ist auf der gesamten Strecke von dichten Bäumen, Kiefern, Fichten und Birken umrahmt, die gegen Sonne oder Wind einen ausgezeichneten Schutz bieten. Wer etwas mehr von der Landschaft sehen will, kann auf halbem Wege zur Vogelkoje einem Durchgang zu den Dünen folgen, um dann am Rande des jungen Waldes auf einem schmalen Heidepfad die Vogelkoje zu erreichen.

Die Vogelkoje, die früher dem Entenfang diente (siehe Seite 42), ist heute ein kleines Tierparadies mit einheimischen und exotischen Tieren in verschiedenen Volieren und Gattern. Ein Teil der Tiere läuft auch frei umher, vor allem Enten und Kaninchen, die sich gerne füttern lassen. Das Kojenhäuschen ist wieder renoviert, und der Wärter, der für die Aufsicht der Koje und ihrer Tiere zuständig ist, hält hier Getränke und anderes für den müden Wanderer feil. Leider war es bisher nicht möglich, eine »Pfeife« soweit herzurichten, um einen Einblick in das frühere Fangsystem zu vermitteln.

Nördlich der Vogelkoje führt ein Pfad direkt auf die größte Wanderdüne der Insel Amrum zu. Hier können wir das dynamische Wirken des Windes studieren. In einem westlichen Tal der Wanderdüne liegt ein »Riesenbett« (siehe Seite 25), dessen Umrandung und dessen Decksteine über den inzwischen wieder versandeten Grabkammern noch sichtbar sind. In einem nordwestlich liegenden Seitental befindet sich eine weitere Ausgrabung. Im Herbst 1970 wurden hier die Reste eines Hauses aus der Zeit um Christi Geburt freigelegt. Deutlich sichtbar wurden vor allem die zwölf Pfosten, die das Dach der typischen Hauskonstruktion trugen. Leider hatten sich vorher schon Kurgäste als »Schatzgräber« hier betätigt, so daß der wertvolle Fund erheblich beeinträchtigt wurde.

Durch die Dünen geht es nun weiter hinüber zum kleinen Quermarkenfeuer am Weststrande. Dem kleinen Türmchen sieht man an, daß es in einer gemütlichen Zeit, die Schnörkel liebte, erbaut worden ist, nämlich kurz nach der Jahrhundertwende. Eine Ruine am Fuß der Leuchtturmdüne weist noch auf die ursprüngliche Lichtquelle, Gaslicht, hin. Heute führt ein Kabel durch die Dünen zum Quermarkenfeuer, das zusammen mit dem Hauptfeuer eingeschaltet wird. Eben südwestlich des Quermarkenfeuers wird das Litorina-Kliff (siehe Seite 11) sichtbar. Dann steigen wir über den Stranddünenwall hinunter zum Kniep, um weiter über die tischebene Fläche zum Meeresstrand zu wandern. In Höhe des Quermarkenfeuers wird der von Wittdün bis Norddorf durchgehende Kniepsand durch eine Senke mit dem Randel-Priel geteilt. Am auffälligsten ist jedoch die Dünenbildung hier draußen. Manche Dünen sind schon über 2 m hoch und fest bewachsen. Mehr als 20 Pflanzen, darunter fast alle typischen Wattpflanzen, wurden im Bereich dieser jungen Dünenbildung festgestellt. Was uns aber noch mehr auffällt, sind die aus Strandholz errichteten Gebilde, die sich Kurgäste als Wind- und Sichtschutz erbaut haben. Obwohl der FKK-Strand, im Volksmunde »Abessinien« genannt, als abgeschlossener Bereich weiter nördlich liegt, benehmen sich auch die Bewohner dieser abstrakten Strandholz-Gebilde »abessinisch«. — Was sie sich im Anbetracht der großzügigen Weite des Kniepsandes auch durchaus erlauben können.

Über den, mit bunten Strandkörben dichtbestellten Norddorfer Hauptbadestrand kehren wir dann zum Ausgangspunkt zurück. Wenn wir den Weg abkürzen wollen, können wir auch in Höhe des offiziellen FKK-Strandes quer durch die Dünen nach Norddorf gelangen. Die Gesamtstrecke dieser Wanderung beträgt reichlich 5 km.

Das Wattufer zwischen Norddorf und Nebel

C Von Norddorf am Wattufer entlang nach Nebel und durch die Heide zurück

Vorbei an den reetgedeckten Friesenhäusern im Ostteil Norddorfs geht der Weg zunächst zur Teestube »Haus Burg«. Der Hügel, auf dem das reetgedeckte Haus steht, ist historischer Boden. Schon in der Bronzezeit fanden hier Begräbnisse statt. Unter anderem wurde zu Anfang des vorigen Jahrhunderts ein Steinsarg entdeckt, in dem ein Leichnam lag, »der aber beim Öffnen des Sarges sogleich in Staub zerfiel«. Die Vor- und Frühgeschichtsforschung vermutet, daß die Flurbezeichnung dieses Hügels »Borrag« von einer Turmburg der Wikingerzeit oder späterer Zeiten herrührt. Die Legende berichtet von einem Kloster, das hier in katholischer Zeit stand und von einer Heiligen namens St. Anna bewohnt wurde. Das zwischen den Geestrücken liegende Marschenland südlich von »Borrag« heißt heute noch »Annlun«, soll jedoch eher »Entenland« bedeuten.

Der Weg geht dann weiter durch »Annlun« hindurch, teilweise direkt am Ufer entlang, nach Nebel. Am Wegesrande und im Grün der Wattwiesen zeigt uns die Natur die Fülle ihrer Salzflora, doch sehen wir auch die Zerstörung, die durch das Meer am Ufer laufend angerichtet wird. Schon oft mußten die Bauern ihre Koppelpfähle landeinwärts rücken. Vor Nebel fällt uns eine Bank mit einem Kreuz auf. Die friesische Inschrift »Un Jesus as Rau an Frees« heißt auf deutsch: »In Jesus ist Ruhe und Frieden«. Ein frommer Küster und Lehrer namens Bandix Bonken ließ die Bank um die Jahrhundertwende errichten.

Der Wiesenpfad führt uns dann direkt auf die Kirche zu, deren Turm die Kronen der Bäume weit überragt. Wenn wir unseren Weg zeitlich so gelegt haben, daß wir Sonntagvormittag zur Kirche kommen, hören wir die Klänge des Jugendposaunenchores und sehen vielleicht auch noch eine alte Insulanerin in ihrer dunklen Sonntagstracht auf dem Kirchgang.

Kirche und Friedhof sind eines genaueren Studiums wert (siehe Seiten 46–48). Auch den Besuch der Mühle mit dem Museum sollten wir nicht versäumen. Auf der anderen Seite der Straße lädt uns dann ein trauriges Stückchen Erde zum nachdenklichen Betrachten ein. Der Heimatlosenfriedhof mit seinen schlichten Holzkreuzen, unter denen angespülte Seeleute begraben sind, deren Name und Herkunft sich nicht mehr feststellen ließ. Nur das Datum des Fundtages steht auf den Kreuzen.

Nach einer Rastpause in einer gemütlichen Gaststätte geht es durch das Neubaugebiet Westerheide, durch Heide und Aufforstungen wieder zurück. Wir können aber auch den Weg durch die Feldmark nehmen, an Äckern, Feldern, Knicks und Hügelgräbern vorbei.

Die Wegstrecke beträgt reichlich 10 km. Sie läßt sich auch mit dem Fahrrad bewältigen. Nur am Wattufer bei Nebel ist für Radfahrer eine kleine, schwierige Strecke.

D Von Wittdün zum Seezeichenhafen, über Steenodde und Süddorf zum Leuchtturm und am Strand zurück

Von der Wittdüner Hauptstraße biegen wir vor dem Kinderheim »Nordfriesland« auf einen schmalen Weg ab, der uns am Kinderheim vorbei auf den Deich führt. Das Kinderheim hieß übrigens früher »Strandhotel« und war eines der ersten Gebäude, die bei

Gründung des Badeortes Wittdün errichtet wurden. Am Anfang des Deiches verrät ein Gedenkstein, daß der Deich im Jahre 1935 durch den Arbeitsdienst errichtet wurde. Das spätere Schreckenssymbol, das Hakenkreuz, ist jedoch herausgemeißelt worden. Über den Deich geht es zum nahen Seezeichenhafen, in dem wir mancherlei von der Seeromantik finden, die der Binnenländer von einem Hafen erwartet. Neben der massiven Pier, auf der wir die Stellagen mit den verschiedensten Seezeichen, Bojen, Tonnen usw., finden, liegen die bunten Kutter der Krabbenfischer, die fast alle von Büsum stammen.

Wenn wir Glück haben, können wir hier frische Krabben oder Fische kaufen und einen »Klönschnak« mit dem Fischer halten. Wir erfahren dann, daß die Kutter schon im Morgengrauen zum Fang hinausfahren, um gegen Mittag oder am frühen Nachmittag wieder heimzukehren. Nach Voranmeldung und bei entsprechender Bezahlung – üblich sind Schnaps und Zigaretten – nimmt der Krabbenfischer auch Kurgäste mit.

Zwischen den Krabbenkuttern liegt der Tonnenleger der Familie Ricklefs. Die Ladebäume verraten uns den Zweck dieses Schiffes. Die Seezeichen werden im nahen Werkschuppen, dem Tonnenhaus, repariert und neu gestrichen und dann mit einer Lore auf die Stellagen oder direkt bis zum Schiff transportiert.

An einigen Holzbrücken, die in das Hafenbecken hineingebaut sind, liegen Ausflugsschiffe, dann und wann der Zollkreuzer oder das Motorboot des »Wasser- und Schiffahrtsamtes« und das farbenfrohe Rettungsboot der »Deutschen Gesellschaft zur Rettung Schiffbrüchiger« (siehe Seite 88). Privatboote, Jollen und Jachten runden das bunte Bild der Schiffe ab.

Der Weg geht über den Deich weiter nach Steenodde. Eben nördlich des Seezeichenhafens fließt ein kleiner Bach, die »Gotel«, unter dem Deich hindurch hinaus in das Watt. In Steenodde lohnt sich ein Besuch der Brücke, an der fast immer Frachtschiffe zum Entladen liegen. Das Friesenhaus an der Auffahrt zur Brücke war früher eine Gastwirtschaft namens »Lustiger Seehund«. Es ist das älteste Haus von Steenodde und vermutlich von Amrum. Im Jahre 1721 wurde es durch einen Hamburger Kaufmann errichtet.

Steenodde ist aber vor allem wegen seiner zahlreichen Grabstätten aus der Vor- und Frühgeschichte interessant. Südlich des kleinen Ortes liegt eine restaurierte Grabkammer aus der jungen

Steinzeit, dicht daneben ein Hügelgrab der Bronzezeit. Mehrere Hügelgräber liegen auch auf der Geesthöhe am nordwestlichen Ortsrand, dazwischen ein Gräberfeld mit kleineren Hügeln aus der Eisen- und Wikingerzeit. Weitere Hügelgräber liegen dann beiderseits der Straße, die uns nach Süddorf führt. Auch das Wahrzeichen Süddorfs, die kleine Mühle, wurde auf einem Hügelgrab erbaut. Ein großes, flaches Gebäude nahe der Mühle fällt uns auf. Es ist die Dörfergemeinschafts-Schule, die im August 1968 eröffnet wurde und von allen Schülern der Insel besucht wird. Angeschlossen ist ein Aufbauzug.

Von Süddorf aus können wir nun direkt auf den Leuchtturm zu laufen, der zum Besteigen und Besichtigen geöffnet ist. Allerdings liegt die Öffnungszeit in den Vormittagsstunden zwischen 9 bis 11 Uhr, so daß wir entsprechend unsere Wanderung planen müssen.

Über knapp 300 Stufen werden wir mittels einer Eisentreppe auf die hohe Leuchtturmdüne hinaufgeführt und gelangen über eine Wendeltreppe im Inneren des Turmes hinauf auf den Rundbalkon unter der Kuppel. Hier stehen wir etwa 61 m über dem Meeresspiegel und haben aus dieser Höhe einen großartigen Ausblick über die Insel und ihre Nachbarschaft. Deutlich sehen wir dabei die gegliederten Landschaften der Insel Amrum; — an der Westseite den Kniepsand und die Kraterlandschaft der Dünen, in der Inselmitte den breiten grünen Streifen der Aufforstungsflächen und dazwischen noch vereinzelte Stücke mit brauner Heide. Daran anschließend folgt das Kulturland mit dem Muster der Wiesen und Felder, sowie das Bebauungsgebiet mit seinen Dörfern und Straßen. Leider zeigt uns der Blick auch, daß die Amrumer Südhälfte zwischen Nebel und Wittdün durch mangelhafte Planung stark zersiedelt ist. Neben Einzelgebäuden und Streusiedlungen fallen uns nahe dem Leuchtturm die langgestreckten Hallen des »Industriegebietes« auf.

Über den Bohlenweg an der »Heide-Bar« wandern wir dann quer durch die Dünen am FKK-Zeltplatz vorbei zum Wittdüner Strand und weiter auf Wittdün zu. Hier, an der Amrumer Südküste zwischen Wriak-Hörn und Wittdün, hat ein Dünenwall eine frühere Strandzone eingeschlossen, wobei sich auf der eingeschlossenen Fläche ein reizvolles Nebeneinander seltener Süß- und Salzwasserflora gebildet hat.

Am Ufer entlang geht es nach Wittdün zurück. Gesamtwegstrecke reichlich 7 km. Wer die Wegstrecke abkürzen will, kann auch über einen idyllischen Heideweg von Steenodde aus an der Wittdüner Vogelkoje vorbei zum Leuchtturm gelangen.

Von Nebel aus können die vorgeschlagenen Wanderwege in umgekehrter Reihenfolge benutzt werden, z. B. Nebel–Norddorf auf dem Wanderweg C, Nebel–Vogelkoje–Quermarkenfeuer laut Wanderweg B, dann am Kniepsand nach Nebel zurück. Beim Wanderweg D empfiehlt sich der Weg am Wattufer entlang über das Kliff bis Steenodde, dann über den Abkürzungsweg zum Leuchtturm und über Süddorf zurück.

Für Wanderungen um die Amrumer Nordspitze (Wanderweg A) empfiehlt sich wegen der Entfernung von Nebel bzw. Wittdün die Busfahrt bis Norddorf. Nachdrücklich sei hier auf die Führungen, die in der Regel vormittags um 9.30 Uhr durchgeführt werden, hingewiesen.

Darüber hinaus bleibt es jedem Kurgast überlassen, durch Querfeldeinwanderungen die Insel zu erforschen, wozu sich zahlreiche, unbehinderte Straßen, Wege und Pfade anbieten. Doch bittet der »Inselschutz« darum, das Dünengebiet in der Nähe der Ortschaften nur über die Bohlenwege zu betreten, damit die Pflanzendecke innerhalb der Einzäunungen nicht zertreten wird.

Ausflüge

Fast täglich werden durch bunte Plakate an den Anschlagtafeln Ausflüge und Fahrten in die Amrumer Nachbarschaft angezeigt. Einer der beliebtesten Ausflüge ist die

Wattenwanderung nach Föhr

Von Norddorf aus geht es durch die Marsch zur Ostseite der Nordspitze, von hier hinein in das Watt. Unmittelbar am Ufer ist der Boden noch etwas schlickig, wird aber bald fest, so daß er eine unbeschwerliche Wanderung gestattet. Der Weg selbst ist durch meterhohe Reiser gekennzeichnet, doch sollte man diesen Weg *nur* mit einem Wattenführer unternehmen, da Unkenntnis oder Unvorsichtigkeit schon manchem Wanderer zum Verhängnis wurde. Obwohl die Nachbarinsel Föhr räumlich recht nahe

Wattenwanderung nach Föhr mit sachkundigem Führer

liegt, beträgt die Wegstrecke knapp 7 km. Ein tieferer Priel verhindert, daß man geradewegs nach Utersum laufen kann, eine Entfernung von nur knapp 4 km. Vielmehr muß ein Umweg gemacht werden, so daß man erst bei Dunsum an das Föhrer Ufer kommt. Unterwegs im Watt sind ebenfalls Priele zu überwinden, doch sind sie nur etwa einen halben Meter tief.

Auf Föhr bietet sich dem Amrumer Kurgast ein ganz anderes Bild: — Es fehlt völlig an Dünen. Dafür bestimmen grüne Weiden und gelbe Kornfelder das Landschaftsbild. Die Föhrer Dörfer sind in der Regel von Bäumen eingehüllt. Hier und da liegt noch mancher reetgedeckte Bauernhof, doch die Landwirtschaft wird vor allem von den weniger schönen Aussiedlungshöfen in der Marsch getragen. Ein weiteres Merkmal der Insel Föhr sind die drei hohen Kirchtürme. Ein Pferdefuhrwerk oder ein Bus fährt die Wattenwanderer durch die Föhrer Dörfer zum Badestädtchen Wyk, wo sich Altstadt- und Hafenromantik mit neuzeitlichem Badeleben vereinen. Mit einem Schiff der WDR geht es dann wieder nach Wittdün zurück.

werden durch Ausflugsschiffe oder in Verbindung mit der Linienfahrt des Fährschiffes »Amrum« täglich durchgeführt. Die Fahrten gehen ab Steenodder- oder Wittdüner Brücke, vorwiegend zu den Halligen Hooge und Langeneß, bei günstiger Tide auch nach Oland oder durch das Halligmeer mit Landung auf Gröde.

Die Halligen sind tischebene Marschen, gebildet durch Ablagerungen des Meeres über dem ehemaligen Gebiet der »Uthlande«, das besonders im 14. Jahrhundert umfangreiche Zerstörungen durch Sturmfluten erlitt. Das heutige Halligland liegt etwa einen Meter über dem Landniveau der früheren »Uthlande«, dennoch nur knapp einen Meter über dem mittleren Hochwasser. Bei Sturmfluten werden die Halligen überflutet, ein sogenanntes »Land unter«. Nur die Warften, etwa 5 m hohe künstliche Hügel, ragen dann noch aus dem Meer. Hier, auf den Warften, drängen sich die Häuser zusammen.

Die Halligen waren früher bedeutend größer, doch von allen Seiten erfolgte durch Strömung und Brandung ein Abtrag des Landes. Erst um die Jahrhundertwende wurden die Halligufer gesichert. Durch diesen Uferschutz, meist in Form von Steinböschungen oder Sommerdeichen (Hooge), sind es eigentlich keine Halligen mehr, da mit dem Wort »Hallig« Land bezeichnet wird, das ohne Schutz dem Meere preisgegeben ist.

Bis in die Gegenwart hinein haben die Halligbewohner ein eigenartiges Leben geführt. Das Trinkwasser wurde aus dem Regen gewonnen, der von den Dächern in spezielle Zisternen geleitet wurde. Der Feeting dagegen, ein Teich in der Warftmitte, sammelte das Regenwasser für die Viehtränke. Elektrischer Strom wurde durch eigene Windaggregate erzeugt, als Brennmaterial getrockneter Kuhmist, sogenannte Ditten, verwendet. Erwerbszweig war und ist die Viehhaltung. Trotz bescheidener Lebensumstände fand man auf den Halligen eine hohe Wohnkultur, – bedingt durch das »Goldene Zeitalter« im 17. und 18. Jahrhundert, als die Halligen zahlreiche Kapitäne auf Walfang und Handelsseefahrt stellten. Der »Königs-Pesel« auf Hallig Hooge ist das bedeutendste Zeugnis aus jener Zeit. Eigenartig sind auch die Halligkirchen mit ihren schlichten, doch oft kunstvollen Ausstattungen.

Doch in den letzten Jahrzehnten ist manches von der früheren Halligromantik verschwunden. Im Jahre 1954 erhielten die größten Halligen eine Stromleitung durch das Watt, 1969 eine Süßwasserleitung vom Festlande. Zahlreiche alte Hallighäuser sind im Zuge der Halligsanierung nach 1962 abgebrochen und durch neuzeitliche Zweckbauten ersetzt worden. Die Halligstraßen sind zum Teil asphaltiert, und neben landwirtschaftlichen Fahrzeugen läuft schon manches Auto auf den Halligen.

Neben der Landwirtschaft wird seit einiger Zeit auch die Zimmervermietung an Kurgäste betrieben. Nicht zuletzt durch die verbesserte Schiffsverbindung wurde die Halligwelt dem »Fortschritt« erschlossen.

Weitere Ausflugsfahrten

Regelmäßig finden Fahrten nach Helgoland, zur Nachbarinsel Sylt oder zum Festland zum Nolde-Museum oder nach Dänemark statt. Gelegentlich besteht auch die Möglichkeit zu einer Fahrt nach Pellworm oder der kleinen Vogelhallig Norderoog. Beliebt sind ferner die Fahrten zu den Seehundsbänken (siehe Seite 113) oder einfach hinaus auf See, wo den Krabbenfischern bei der Arbeit zugesehen wird. Abendfahrten in See mit Musik und Tanz an Bord, Kaffeefahrten durch das Halligmeer, Ausflüge nach Wyk oder Fahrten rund um Amrum bieten weitere Möglichkeiten, die Insel und ihre Umgebung zu erleben.

Verkehr zu Wasser und zu Lande

Die Verkehrsverhältnisse der Insel Amrum waren noch bis zum Ende des vorigen Jahrhunderts sehr dürftig. Auf der Insel selbst ging man zu Fuß oder benutzte ein Pferdefuhrwerk. Und wer zum Festlande oder zu anderen Inseln reisen wollte, mußte auf die zufällige Fahrt eines Frachtschiffers warten oder über mühsame Umwege sein Ziel erreichen. Allerdings bestand zum Reisen für die meisten Insulaner auch kein Anlaß.

Das änderte sich jedoch nach Gründung der Seebäder. Schnelle und bequeme Reisemöglichkeiten waren eine wesentliche Voraussetzung für den Besuch. Schon bei der Gründung des Badeor-

Die Inselbahn auf der Fahrt zum Wittdüner Kniepsand-Bad

tes Wittdün war eine Brückenanlage »zum Anlegen für größere Dampfer« zur Bedingung gemacht worden. Der Gründer Wittdüns, Kapitän Volkert M. Quedens, erbaute nicht nur die geforderte Brücke, sondern richtete auch eine erste reguläre Schiffsverbindung nach Amrum ein. Bald begann auch die »Wyker-Dampfschiffs-Reederei« regelmäßig nach Amrum zu fahren.

Als dann im Jahre 1892 der Direktor Heinrich Andresen mit seiner Aktiengesellschaft die weitere Entwicklung Wittdüns in die Hand nahm, erlebte Amrum eine Förderung der Verkehrsverhältnisse, wie sie später nicht wieder zu verzeichnen war. Neben der »Wyker-Dampfschiffs-Reederei« fuhren von Hamburg aus die »Nordsee-Linie« und von Bremerhaven aus der »Norddeutsche Lloyd« mit ihren luxuriösen Dampfern nach Wittdün. Aber damit nicht genug. Die Aktiengesellschaft richtete noch eine ei-

Mit ihrer umfangreichen Flotte, besonders mit den kombinierten Passagier- und Autofähren, sowie mit den modernen Bussen, ist die »Wyker-Dampfschiff-Reederei« sowohl auf dem Wasser als auch auf dem Lande der Hauptverkehrsträger für Amrum

gene Linie zwischen Husum und Wittdün ein. Später wurden diese Verkehrsverbindungen aber wieder aufgegeben, weil mit dem Ausbau der Eisenbahn immer mehr Kurgäste nach Dagebüll und von dort mit der Wyker Reederei nach Amrum fuhren.

Die Aktiengesellschaft Wittdün war es auch, die auf Amrum die berühmt gewordene Inselbahn anlegte. Zunächst wurde die Bahn nur für Wittdüner Kurgäste zur bequemen Erreichung des Kniepsandbades bestimmt. Von Wittdün aus fuhr die Bahn durch die Dünen über den Kniep direkt bis zum Badestrand. Um 1900 wurde die Spur nach Nebel und Norddorf erweitert. Die Bahn war dann bis zum Ausbruch des 2. Weltkrieges in Betrieb. Allerdings hatte sie oft ihren Besitzer gewechselt. Zuletzt gehörte sie der »Wyker Dampfschiff-Reederei«. Weil die Bahn nie rentabel war,

Von 1960 bis 1970 hatte Amrum mit der »Amrumer Schiffahrts AG« eine eigene Reederei mit dem Fährschiff »Amrum«. Reederei und Schiffspark wurden 1970 von der WDR übernommen

blieben notwendige Reparaturen an Lokomotiven und Schienen aus. Die Folge war, daß die Bahn oft stehen blieb oder entgleiste. Schließlich wurde der Bahnbetrieb untersagt. Die Wyker Reederei erhielt statt dessen die Buskonzession und baute den Busverkehr nach dem 2. Weltkriege zum heutigen Umfang aus.

Von 1948 an wurden die Inselstraßen asphaltiert. Eine umfangreiche Erweiterung des festen Straßennetzes erfolgte zuletzt 1969/70. Gleichzeitig wurden in Wittdün, Nebel und Norddorf große Parkplätze angelegt, um den wachsenden Autoverkehr auf der Insel zu regeln. Der Autoverkehr ist besonders während der letzten Jahre ein Problem geworden, so daß grundlegende Maßnahmen von den Gemeindeverwaltungen getroffen sind, um die Ruhe in den Bädern zu erhalten.

Bojen und Tonnen im Seezeichenhafen

Sicherung der Seefahrt

Bojen und Tonnen

Während der südliche Nordseeraum mit den Einfahrten zur Elbe und Weser schon seit dem 13. Jahrhundert durch die Hansestädte mit Seezeichen markiert wurde, erfolgte die Sicherung der küstennahen Seefahrt und der Schiffahrt im nordfriesischen Inselgebiet verhältnismäßig spät. Erst im Jahre 1561 beauftragte Herzog Adolf Bürgerschaft und Schiffergilde der Stadt Husum mit dem Aufbau des Seezeichenwesens. Zunächst wurde aber nur die Hever und die äußere Schmaltiefe gekennzeichnet.

Im Jahre 1743 wurde dann das Fahrwasser um Sylt, Föhr, Amrum und die Halligen in das Husumer Seezeichenwesen aufgenommen, doch gab es zuvor einen erbitterten Rechtsstreit mit den genannten Inseln, wobei es mehrfach zur Entwendung der ausgelegten Seetonnen und Baken kam. Um die Mitte des 18. Jahrhunderts ließ die Stadt Husum zwei Tonnenhäuser für die Lagerung der Seezeichen errichten, eines in Husum, das andere auf Amrum in Steenodde. Das Tonnenhaus von Steenodde war noch bis 1916, bis zum Bau des heutigen Seezeichenhafens in Gebrauch.

Die Seezeichen bestanden in früheren Jahrhunderten vor allem aus Pricken, schlanken Baumstämmen oder Stangen, in deren Top sich ein Reisigbündel befand. In langen Reihen markierten sie die schiffbaren Ströme im küstennahen Watt. Sie sind übrigens auch heute noch in Gebrauch. Daneben gab es schwimmende Tonnen, aus Holz gebaut, mit schweren Steinen verankert. An ganz besonders wichtigen Punkten wurden Baken errichtet, so im Bereich von Amrum auf der Sandbank Seesand als Orientierungszeichen für die Einfahrt zur Schmaltiefe. Bei den Baken, die hier und da noch vorhanden sind, handelt es sich um Holzgerüste von beachtlicher Höhe. Die Seesand-Bake war rund 25 m hoch. Sie wurde im Jahre 1799 erbaut und erhielt später auf halber Höhe einen Schutzraum für Schiffbrüchige, der mit Lebensmitteln und Signalen versehen war. Manche Schiffsbesatzung, deren Schiff in die Brandung des Seesandes oder anderer Sände geriet, hat sich hierher gerettet. Doch zu Anfang unseres Jahrhunderts verschwand der Seesand mitsamt der Bake im Meer.

Von der Mitte des vorigen Jahrhunderts an wurde das uneinheitliche Seezeichenwesen vom Staat übernommen und im Laufe der Zeit organisatorisch ausgebaut. Heute ist das Verkehrsministerium die oberste Instanz, während die einzelnen Küstenbereiche der Aufsicht von Wasser- und Schiffahrtsämtern unterstehen. Für Amrum ist heute das WuSA Tönning zuständig.

Werkstatt, Tonnenhaus und Büro des Aufsichtsbezirkes Amrum befinden sich seit 1916 am Seezeichenhafen. Das Amt des Tonnenlegers ist auf Amrum aber in privater Hand geblieben. Seit dem Jahre 1853, nun schon in fünfter Generation, wird das Auslegen, Einholen und die Reparatur der Tonnen von der Steenodder Familie Ricklefs besorgt, die ein eigenes Schiff zur Verfügung hat und auf Vertragsbasis arbeitet.

Reihe an Reihe liegen Bojen und Tonnen auf den Gestellen am Seezeichenhafen, nachdem sie im Tonnenhaus von Seepocken und Rost befreit sind und einen neuen Anstrich erhielten. Durch verschiedene Farben und Formen wird ihr Zweck gekennzeichnet. Vor allem handelt es sich um Spieren- und Spitztonnen, die in

Der Leuchtturm auf Groß-Dün

den Farben rot und schwarz, mit Ziffern und Buchstaben versehen, die Steuer- und Backbordseite des Fahrwassers markieren. Auch Bakentonnen mit namentlicher Bezeichnung des Fahrwassers liegen hier in größerer Zahl. Dazwischen vereinzelte Wracktonnen als Warnung vor unter der Wasseroberfläche liegenden Wracks, Leuchttonnen mit einer Lampe oder Glockentonnen mit einer Glocke, die durch die Wellenbewegung regelmäßig zum Läuten gebracht wird.

Leuchtfeuer

Bojen, Tonnen und Baken leiten tagsüber die Schiffe durch das flache, gefährliche Wattenmeer. Nachts übernehmen Leuchtfeuer diese Aufgabe. Innerhalb des Seezeichenwesens haben Leuchtfeuer eine alte Tradition. Schon vor unserer Zeitrechnung bauten seefahrende Völker an ihren Küsten Türme, von denen Rauch- und Feuerzeichen weit hinaus auf das Meer gegeben wurden. (Ei-

Das Quermarkenfeuer am Strande westlich von Norddorf zeigt ein stetes Licht mit drei Farbsektoren, grün, gelb und rot

ner dieser Türme, »Pharos Turm«, im Jahre 283 v. Chr. an der Hafeneinfahrt von Alexandrien erbaut, wurde später in die Liste der sieben Weltwunder aufgenommen.)

Im 16. und 17. Jahrhundert entstanden auf Betreiben der Hansestädte auf mehreren Nordseeinseln Feuerblusen, Steintürme, auf deren offener Plattform während der Nacht ein Feuer unterhalten wurde. Die heutigen Leuchtfeuer, darunter der Turm von Amrum, wurden jedoch erst in den letzten Jahrzehnten des vorigen Jahrhunderts oder kurz nach der Jahrhundertwende errichtet.

Der Leuchtturm auf Amrum wurde nach knapp zweijähriger Bauzeit am 1. Januar 1875 in Betrieb genommen. In einer regierungsamtlichen Bekanntmachung heißt es unter anderem: »Die Höhe der Düne beträgt 25 m, die Höhe der Flamme 63 m und die Höhe des Turmes bis zur Spitze 67,7 m über ordinaire Flut. Das Licht ist ein Blinkfeuer 1. Ordnung. Es zeigt eine Periode von 20 Sekunden, von denen 6 Sekunden auf das Licht und 14 Sekunden auf die Verdunkelung fallen. Es leuchtet nach allen Richtungen in gleichmäßig hellem Schein, der plötzlich erscheint und plötzlich verschwindet. Das Licht wird bei klarer Luft 20 bis 24 Seemeilen, rund 37 bis 45 Kilometer sichtbar werden.«

Der Prismenkorb mit seinen Prismen und der Optik ist eine

Arbeit des französischen Ingenieurs Fresnel. Er wurde auf der Weltausstellung im Jahre 1869 in Paris gezeigt. Durch eine spezielle Anordnung der Prismen wird die Lichtquelle um das 1000-fache verstärkt. Zunächst hatte der Leuchtturm nur ein Petroleumlicht, für dessen Wartung drei Wärter und ein Hilfswärter eingestellt wurden. Zwei Wärter hatten während der Nacht miteinander Dienst und wurden um Mitternacht abgelöst. Die Schlafkoje im Turmzimmer erinnert noch heute an diese Zeit. Die Rotation des Prismenkorbes wurde mittels eines Uhrwerkes betrieben, dessen Gewichte in einem Schacht im Inneren des Turmes hingen.

Erst seit dem Jahre 1936 ist das Licht, eine 2000-Watt-Lampe, elektrisch. Durch diese technische Verbesserung konnte das Personal auf einen Leuchtturmwärter und auf einen Hilfswärter verringert werden. Auch die nächtliche Wache im Turm ist überflüssig geworden. Signale in der Wohnung des Wärters zeigen auftretende Störungen an.

Neben dem Leuchtfeuer gehört auch die Bedienung der Sturmsignalstelle zu den Aufgaben des Wärters. Am »Sturmmast« neben dem Leuchtturm wird als Sturmwarnung tagsüber ein Ball aufgezogen. Daneben zeigen Kegel die Windrichtung an. Nachts werden die entsprechenden Warnsignale durch rote, gelbe und grüne Lichter gegeben. Neben dem Amrumer Hauptfeuer kennzeichnen noch Hafen-, Unter- und Quermarkenfeuer die Seewege um Amrum.

Schließlich sei noch ein weiteres Seezeichen erwähnt, das im Bedarfsfall bei Tag und Nacht in Tätigkeit tritt: Das Nebelhorn auf der äußersten Südspitze von Wittdün.

Rettungswesen

An einer Brücke des Seezeichenhafens liegt ein gepflegtes Schiff, gestrichen mit leuchtenden Farben. Es ist der Seenotrettungskreuzer der »Deutschen Gesellschaft zur Rettung Schiffbrüchiger«. Auffällig an der Bauart des Rettungskreuzers ist das halbrunde, geschlossene Verdeck, der turmähnliche Aufbau und ein kleines Motorboot, ein sogenanntes Tochterboot, in der Heckwanne. Drei Schrauben, von einem 1650-PS-Motor getrieben, geben dem Rettungskreuzer eine Geschwindigkeit von 20 Knoten (ca. 37 Stun-

Seenotrettungskreuzer

denkilometern). Antennen und Leitungen verraten die Ausstattung mit Funk, Funkpeiler, Echolot und Radar. An Bord befinden sich ferner Feuerlösch- und Lenzanlage. Bauweise und technische Ausstattung sind die Voraussetzungen für den wirkungsvollen Einsatz des Rettungskreuzers.

Die Geschichte des Rettungswesens an den deutschen Küsten geht auf die Mitte des vorigen Jahrhunderts zurück. Dramatische Strandungsfälle von Auswandererschiffen, wobei es Hunderte von Todesopfern gab, führten zu Aufrufen, die Küste mit Rettungsstationen zu sichern. Im Mai des Jahres 1865 kam es dann nach jahrelangen Bestrebungen in Kiel zur Gründung der »Deutschen Gesellschaft zur Rettung Schiffbrüchiger«.

Auch Amrum erhielt eine Rettungsstation. Sie lag am Strand vor der Satteldüne. Damals bestand hier von Norden her noch der Einschnitt des Kniephafens. Über den Kniephafen, der auch bei Ebbe genügend Wassertiefe hatte, erreichte das Rettungsboot die offene See.

Die ersten Rettungsboote waren recht bescheiden gebaut. Sie

bestanden aus Holz, hatte jedoch am Boden Lufttanks, die ein Sinken oder Kentern des Bootes verhindern sollten. Als Fortbewegungsmittel dienten Segel und Riemen. Die Besatzung bestand aus Freiwilligen aus allen Inseldörfern. Sie war mit Ölzeug, Südwester und umfangreichen Korkwesten ausgestattet, und wählte aus ihrer Mitte einen Vormann, der das Kommando führte.

Bald darauf wurden weitere Stationen auf Amrum angelegt, so auf Wittdün und am Strande bei Norddorf. Die Rettungsstation vor der Satteldüne mußte später wegen der Versandung des Kniephafens nach Norden verlegt werden. Ein halbes Jahrhundert lang haben die Ruderrettungsboote das Rettungswerk getragen. Zahlreiche Schiffbrüchige wurden aus Seenot befreit. Bei einer vergeblichen Einsatzfahrt im Jahre 1890 verloren zwei Männer aus Norddorf ihr Leben, als das Rettungsboot bei Hörnum von einer Grundsee erfaßt wurde und umschlug.

Im Jahre 1914 erhielt Amrum ein Motorrettungsboot, doch blieben die Stationen auf Wittdün und am Norddorfer Strand noch bestehen. Die Norddorfer Station wurde erst nach dem letzten Weltkrieg aufgelöst.

Inzwischen hatte die Gesellschaft ein erstes Rettungsboot mit einem Turmaufbau in den Dienst gestellt, es wurde der Vorläufer einer ganzen Serie von modernen Rettungskreuzern. Allerdings besteht die Besatzung heute nicht mehr aus Freiwilligen. Die vierköpfige Besatzung des Amrumer Seenot-Rettungskreuzers steht, wie auch die übrigen, im festen Sold der DGzRS. Diese Umstellung erfolgte aber nicht, weil es an Freiwilligen fehlte, sondern um den unverzüglichen Einsatz in Seenotfällen zu gewährleisten. Denn in der Regel befindet sich die Besatzung der Rettungskreuzer ständig an Bord, so daß sie bei einem Hilferuf sofort auslaufen kann.

In alten Protokollen und in den heutigen Jahrbüchern sind die dramatischen Einsätze, bei denen Tod und Leben auf dem Spiele standen, in nüchternen Worten vermerkt. So heißt es in Amrumer Rettungsberichten:

»7. Oktober 1875, Englischer Dampfer vor Amrum-Odde gestrandet und gesunken. 10 Mann gerettet.
13. Oktober 1885, Deutsche Bark »Thomas Small« auf Kniepsand gestrandet. Ein Mann ertrunken, die anderen gerettet. Das Schiff ging verloren.«

Gestrandet und verloren: Erzfrachter »Pella«

Vom Ende des 18. Jahrhunderts bis heute wurden im Küstenbereich von Amrum sowie auf den vorgelagerten Sandbänken etwa 250 Strandungsfälle registriert. An stürmischen Tagen kam es vor, daß mehrere Schiffe gleichzeitig strandeten, weil sie sich von der Küste nicht mehr freisegeln konnten. Manche Schiffe wurden später wieder abgebracht, die meisten gingen verloren, wobei es Arbeit für Strandvogt und Strandhauptmann gab.

Nach dem Ausbau des Seezeichenwesens und der Umstellung der Schiffe vom Segel auf Maschinenkraft ging die Zahl der Strandungsfälle zurück. Auch der Bau des Nord-Ostsee-Kanales im Jahre 1895 mit der Umleitung des Schiffsweges in die Ostsee und nach Skandinavien trug dazu bei, weil sich der Schiffsverkehr vor der schleswig-holsteinischen Westküste verringerte.

Doch hat es auch in jüngster Zeit an Strandungsfällen nicht gefehlt. Am 31. Juli 1964 lief ein Erzfrachter aus dem Libanon westlich von Wittdün auf Grund und brach zwei Tage später mittschiffs auseinander. Die Besatzung, 25 Mann, wurde durch

Auf dem Heimatlosenfriedhof an der Mühle werden ertrunkene Seeleute begraben, deren Name und Herkunft nicht mehr festzustellen war

das Rettungsboot der Station Amrum gerettet. Der Erzfrachter aber ging total verloren, Bergungsversuche wurden nicht mehr unternommen, und einige Monate später war das Wrack bis auf Reste im Mahlsand versunken.

Am 18. November 1969 strandete ein 70 m langes Mittelteil eines im Bau befindlichen Frachters. Das Mittelteil sollte von Rotterdam nach Bremerhaven geschleppt werden, aber bei auffrischendem Weststurm riß nahe bei Helgoland die Schleppleine. Zwei Magnus-Kräne und sieben Planierraupen wurden an der Strandungsstelle auf dem Kniepsand am Quermarkenfeuer eingesetzt, und am 1. Januar 1970 wurde das Mittelteil wieder flott.

Außer den großen Strandungsfällen, die in der Presse Schlagzeilen machen, ereignen sich zahlreiche kleinere Schiffsunfälle, die den Einsatz des Rettungskreuzers erfordern. Daneben werden noch Versorgungsfahrten und dringende Krankentransporte durchgeführt.

Die »Deutsche Gesellschaft zur Rettung Schiffbrüchiger« arbeitet auf der Grundlage freiwilliger Spenden und Beiträge aus allen Kreisen der Bevölkerung. An zahlreichen öffentlichen Plätzen stehen die kleinen Sammelschiffe, deren Erträge einen wesentlichen Beitrag zur Finanzierung der Rettungsgesellschaft leisten.

Ebbe und Flut, Sturmfluten

Die auffälligste Naturerscheinung an der Nordseeküste ist der Wechsel von Ebbe und Flut, die man zusammen Gezeiten nennt. Gezeiten gibt es auf allen frei beweglichen Weltmeeren. Sie werden durch Anziehungskräfte des Mondes und der Sonne und der Fliehkraft der Erde erzeugt. Dabei bilden sich auf dem Weltmeer zwei Fluthügel, und zwar auf der dem Mond zugewandten Seite (Zenitflut) und auf der mondabgewandten Seite (Nadirflut), denen zwei Wellentäler entgegenstehen. Die Erde dreht sich unter diesen sogenannten Tidewellen, so daß jeder Ort des Weltmeeres im Laufe von 24 Stunden und 50 Minuten zweimal Ebbe und Flut erlebt. Die tägliche Verschiebung der Hochwasserzeit um etwa 50 Minuten ergibt sich aus der Differenz zwischen Mond- und Erdentag.

Etwa alle 14 Tage, bei Neu- und bei Vollmond erleben wir die Springflut. Sie entsteht, wenn Mond und Sonne, von der Erde aus gesehen, in einer Linie stehen und sich die Anziehungskräfte der beiden Himmelskörper vereinen. Das Wasser steigt dann etwa 30 bis 50 cm über seinen durchschnittlichen Normalstand. Stehen Mond und Sonne jedoch im rechten Winkel zueinander, wirken die Anziehungskräfte gegeneinander, und wir erleben eine Nippflut, deren Wasserhöhe unter dem Normalstand bleibt.

Es flutet etwa 6¼ Stunden, wobei der höchste Stand der Flut als Hochwasser bezeichnet wird. Ebenso lange dauert die Ebbe, wobei der tiefste Stand des Wassers als Niedrigwasser bezeichnet wird. Der Tidenhub nennt den Unterschied zwischen Hoch- und Niedrigwasser. Er beträgt bei Amrum etwa 2,50 m.

An der Amrumer Ostküste läßt sich der Gezeitenwechsel besonders gut beobachten. Mit Ausnahme der großen Priele fällt das gesamte Wattengebiet zwischen Amrum und Föhr trocken, ebenso die Kniepsandbucht unter Wittdün. Am Kniepsandstrand

Sturmflut an einem Herbsttag . . .

treten Ebbe und Flut dagegen nicht so in Erscheinung. Der Meeresboden liegt hier tiefer, und bei Ebbe tritt das Wasser durchschnittlich nur um 100 m zurück, wobei zahlreiche Sandbänke auftauchen.

Die Flutwelle kommt von Südwesten, und zwar als reflektierte Welle, die im Nordatlantik gebildet wird, an der englischen Ostküste südwärts wandert und von Untiefen und den West-Ostfriesischen Inseln nach Osten umgelenkt wird. Diese wellenförmige Bewegung läuft um einen Drehpunkt in der Nordseemitte, wo es nur einen geringen Tidenhub gibt. Die Flutwelle erreicht bei Amrum zuerst den Wittdüner Strand und macht sich erst reichlich eine halbe Stunde später vor Norddorf bemerkbar. Auch im Watt zwischen Amrum und Föhr entsteht eine erhebliche Verzögerung, weil das Wasser die Amrumer Südspitze Wittdün und die Nordspitze umrunden muß. Dreiviertel des Wattengebietes werden dabei von Süden her überflutet, nur ein Viertel von Norden. Eben südlich der Teestube »Haus Burg« treffen die Flutwellen zusammen, und erst kurz vor Hochwasser tauchen die letzten

. . . und Ebbe an einem Sommertag an der Wittdüner Strandmauer

Sandrücken und Miesmuschelbänke draußen im Watt unter, – ein Zeichen, daß das Watt an einigen Stellen sehr flach ist.

Das stete, ruhige Bild des Gezeitenwechsels ändert sich aber bei Sturmfluten. Bei einem Weststurm ab Windstärke 8 wird auch der größte Teil des Kniepsandes überspült. Vergeblich versuchen die Kurgäste dann, ihre Sandburgen zu erhalten, während die Strandkorbwärter sich bemühen, ihre Strandkörbe in Sicherheit zu bringen. Besonders eindrucksvoll ist eine größere Sturmflut an der Wittdüner Strandmauer, wo die anstürmenden Wellen nach dem Aufprall gegen die Mauer oder im gegenseitigen Zusammenstoß zwischen einer reflektierten und neu anrollenden Welle oft zu haushohen Gischtwogen aufspritzen. Die Nordsee kann uns kaum einen größeren Gegensatz bieten als einen Sturm und einen friedlichen Sommertag an der Wittdüner Strandmauer.

Der Kniepsand und die vorgelagerten Sandbänke geben der Insel zwar einen natürlichen Schutz, doch sind die großen Sturmfluten nie spurlos an der Insel vorübergegangen. Besonders die

Auswirkungen der Sturmflut vom 16./17. Februar 1962. Der gebrochene Deich zwischen Steenodde und dem Seezeichenhafen und die aufgerissene Strandmauer von Wittdün

Sturmflut von 16./17. Februar 1962 hat umfangreiche Schäden hinterlassen. Die Amrumer Nordspitze wurde durch einen Wassereinbruch im Tal des Vogelwarthauses vorübergehend von der übrigen Insel abgetrennt, am Norddorfer Wattufer brach durch überflutendes Wasser der Deich und wurde auf weite Strecken zerstört. Der Norddorfer Koog wurde überschwemmt und die am Marschenrande liegenden Häuser vom Wasser erreicht.

Auch in die niedrig liegenden Dorfteile von Nebel flutete das Wasser hinein. Das Kliff zwischen Nebel und Steenodde wurde unterspült und um mehrere Meter landeinwärts gerückt. Zwischen dem Seezeichenhafen und Steenodde brach der Sommerdeich, so daß auch einige Häuser von Steenodde und Wittdün von der Flut erreicht wurden. Fast alle Bojen und Tonnen wurden von ihren Gestellen am Seezeichenhafen weggespült, ebenso einige Frachtschiffe, die nahe der Wittdüner Brücke strandeten. Die Wittdüner Brücke wurde völlig zerstört und die Strandmauer zwischen dem Kurhaus »Vierjahreszeiten« und der Jugendherberge auf einer Länge von über 50 m aufgebrochen.

Auch ältere Sturmfluten haben besonders die exponierte Amrumer Südspitze betroffen. Im Februar des Jahres 1917 wurden die äußeren 150 m der Südspitze mit mehreren Hektar Dünengelände durch eine einzige Sturmflut fortgespült, während eine Sturmflut im Jahre 1911 die Abbruchkante des Strandes bis an die Hotels auf dem Dünenkamm rückte und den Bau der Wittdüner Strandmauer erzwang.

Küstenschutz

Die Sicherung der Amrumer Küste gegen das Meer ist eine ständige Aufgabe des Marschenbauamtes Husum. Doch hat der Küstenschutz für Amrum nicht die vorrangige Rolle wie auf der benachbarten Insel Sylt. Während auf Sylt mit Querbuhnen, Strandmauern, Tetrapoden und Halmpflanzungen seit Jahrzehnten um Sand und Bestand der Insel gerungen wird, ist Amrum auf natürliche Weise durch das Meer geschützt. Dem Sandabtrag auf Sylt steht die jahrhundertelange Sandanschwemmung an der Amrumer Westküste entgegen. Neben dem Kniepsand hemmen weitere Sände den Brandungsauflauf bei Sturm, doch gibt es auch an den Amrumer Küsten Gefahrenpunkte, die das Eingreifen des Marschenbauamtes erfordern.

Gefährdet ist vor allem die Amrumer Nordspitze, die erst seit jüngster Zeit und nur teilweise durch den Kniepsand geschützt wird. Wie die Zeichnung zeigt, wurde der Küstensaum vom Jahre 1799 bis in die Gegenwart stellenweise um einen halben Kilometer zurückgesetzt. Dabei gingen hohe Dünen und das in deren Schutz liegende Marschenland verloren. Reste des Marschenlandes sind noch am Strande vor der Nordspitze zu sehen. Um die Mitte des vorigen Jahrhunderts reichte es noch etwa 300 m weiter hinaus. Um 1850 brach die See nach dem Abtrag der Dünen in die Norddorfer Marsch ein, aber erst im Jahre 1913 wurde ein Deich an der Westseite gebaut. Unmittelbar vor der Nordspitze mußte 1955 abermals ein Deich errichtet werden, weil hier das Wasser bei Sturmfluten von der Seeseite über die ungeschützten Wiesen bis zum Watt flutete und eine Abtrennung der Odde zu befürchten war. Mit der Nordwärtswanderung des Kniepsandes verlagerten sich die Gefahrenpunkte. Sturmfluten

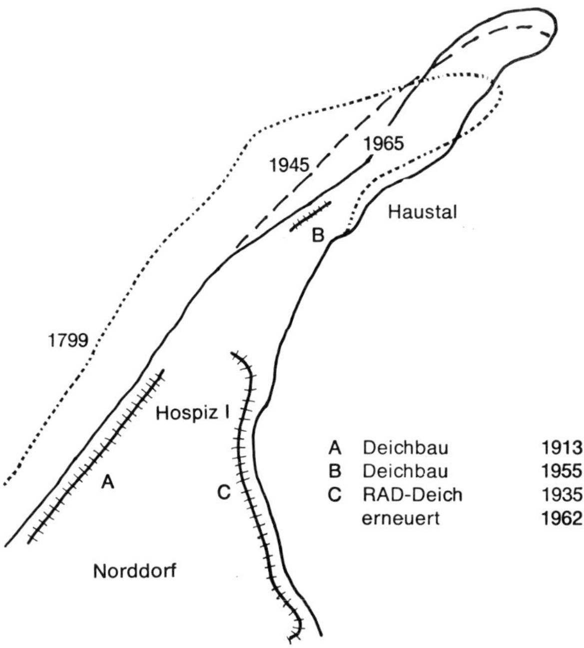

Arbeiter des Marschenbauamtes beim Pflanzen von Strandhafer

in den Jahren 1954, 1962 und 1965 drangen in das »Haustal« der Odde, so daß abermals eine Abtrennungsgefahr bestand. Erst durch umfangreiche Sandfänger, Reisigzäune und Halmpflanzungen gelang es, wieder einen schützenden Sandwall anzusammeln und die Durchbruchgefahr zu verringern.

Sandfänger sind in Vergangenheit und Gegenwart das Prinzip des Amrumer Küstenschutzes gewesen. Dabei werden die natürlichen Verhältnisse ausgenutzt und der aufgeschwemmte und aufgewehte Sand festgehalten, um Dünenwälle zu bilden.

Die beiden Deiche am Amrumer Wattufer, nämlich vor Norddorf und zwischen Steenodde und Wittdün, wurden im Jahre 1935 durch den Reichsarbeitsdienst erstellt. Es waren sogenannte Sommerdeiche, deren Krone etwa 3,50 m über dem mittleren Hochwasser lag. Nach der Sturmflut im Jahre 1962 wurde der Norddorfer Deich als »Asphaltdeich« erneuert und zusätzlich um 1,50 m erhöht.

Ungeschützt ist dagegen das übrige Wattufer. Wenn es auch im Windlee liegt, ist doch ein ständiger Abbruch zu verzeichnen.

Silbermöwe

Ein großes Werk des Amrumer Küstenschutzes ist die Wittdüner Strandmauer. Sie wurde im Jahre 1914 unter Zuhilfenahme von 100 italienischen Arbeitern errichtet und im Jahre 1919 um die äußere Spitze herum auch auf Teile des Wittdüner Nordufers erweitert. Die Kosten betrugen 250 000 Mark, die zum Teil von der Gemeinde und den anliegenden Grundstückseigentümern getragen wurden.

Die Amrumer Vogelwelt

Schon auf der Überfahrt vom Festland zur Insel Amrum lernt der Besucher einige der auffälligsten See- und Strandvögel kennen. Vor allem die großen Silbermöwen, die über dem Kielwasser den Bäderschiffen folgen oder an der Reeling vorbeisegeln, um sich von den Passagieren füttern zu lassen.

Auf den Sandbänken längs der Fahrrinne ruhen Austernfischer, Eiderenten oder farbenprächtige Brandenten, und hier und da rütteln Seeschwalben über dem Meer.

Auf Wanderungen durch die Insel trifft der Kurgast immer wieder auf diese und andere Vogelarten, und es wird ihm bald auffallen, daß See- und Strandvögel ein wesentliches Merkmal in der Landschaft sind.

Silbermöwen beleben allenthalben Himmel und Strand. Ihre Brutplätze liegen in den Dünen, vorwiegend westlich der Vogelkoje. Hier wird der Wanderer mit wütendem »Gagagak« empfangen, und im Sturzflug stoßen die Silbermöwen auf den Störenfried herab. Auch die ähnliche, doch kleinere Sturmmöwe ist Brutvogel auf Amrum, während die Lachmöwe, die auf den benachbarten Inseln und Halligen recht häufig ist, auf Amrum nur eine Gastrolle spielt.

In verschiedenen Dünentälern nisten Küsten- und Flußseeschwalben. Sie sind Koloniebrüter, ihre Nester liegen nahe zusammen. Küstenseeschwalben finden wir auch auf dem Kniep. Ähnlich den Möwen stoßen auch die Seeschwalben mit scharfem Ruf auf uns herab und treffen oft schmerzhaft unseren Kopf. Eine weitere Seeschwalbenart, die Zwergseeschwalbe, ist gegenwärtig nur noch selten auf dem Kniepsand zu finden. Offenbar ist die Beunruhigung durch den Badebetrieb zu groß geworden.

Ebenso auffällig wie die Möwen ist der Austernfischer. Er ist ein lebhafter und ruffreudiger Vogel. Fast alle Rufe, die wir bei Tag oder Nacht in der Landschaft hören, stammen vom Austernfischer. Er brütet über die ganze Insel verstreut.

Kiebitz und Rotschenkel sind ebenfalls häufig, doch finden wir beide nur in den Marsch- und Wattwiesen oder auf dem Felde.

Sand- und Seeregenpfeifer sind dagegen seltener. Beide fallen in ihrer Umgebung zwischen Steingeröll und Muschelschalen kaum auf, da sie klein und unscheinbar sind. Oft sind nur ihre Rufe, das wehmütige »Büüib« des Sandregenpfeifers und der kurze Pfiff des Seeregenpfeifers, zu hören.

Wattufer und Wattenmeer zwischen Amrum und Föhr sind belebt von zahlreichen Eiderenten und Brandenten. Im Bereich der deutschen Küsten ist Amrum mit etwa 400 Paaren Hauptbrutplatz der Eiderente. Von Anfang Mai an suchen die Eiderenten das Innere der Insel auf, um zu nisten. Sie sind sehr empfindlich gegen Störungen und verlassen leicht ihr Gelege, das dann von Möwen oder Krähen gefressen wird.

Häufige See- und Strandvögel in der Insellandschaft

Rotschenkel

Brandente, Erpel

Eiderenten, Erpel und Ente

Sandregenpfeifer

Küstenseeschwalbe

Austernfischer

Das Vogelwarthaus auf der Odde

Die farbenprächtigen Brandenten, die eine gänseartige Lebensweise haben und deshalb auch Brand*gänse* genannt werden, sind Höhlenbrüter. Sie benutzen in der Regel die Höhlen der Wildkaninchen. Eiderenten und Brandenten führen ihre Jungen kurz nach dem Schlüpfen zum Watt. Hier können wir sie ab Anfang Juni beobachten.

Neben den See- und Strandvögeln sind in den letzten Jahren auch zahlreiche Singvögel auf Amrum heimisch geworden. Die umfangreiche Aufforstung und die Anlage von Gärten in den Dörfern haben für diese Vögel Brut- und Nahrungsräume geschaffen. Fasane und Rebhühner sind durch Jagdpächter ausgesetzt und haben sich reichlich vermehrt, so daß gute Jagdstrecken zu verzeichnen sind. An Greifvögeln brüten seit alter Zeit nur Sumpfohreule und gelegentlich die Kornweihe auf Amrum. Doch ist seit einigen Jahrzehnten auch die Waldohreule häufig geworden. Sie nistet in alten Krähennestern, ebenso der Turmfalke. Die Beute der Greifvögel besteht vor allem aus Wühlmäusen.

Das Naturschutzgebiet Amrum-Odde

Um den See- und Strandvögeln einen ungestörten Brutplatz zu sichern, wurde die Amrumer Nordspitze im Jahre 1936 zum Naturschutzgebiet erklärt. Die Gemeinde Norddorf ließ ein kleines Vogelwarthaus errichten, wo der Wärter, ein alter Seemann aus Norddorf, während der Brutzeit wohnte.

1940 wurde die Betreuung vom »Verein Jordsand« übernommen, doch erst nach dem Ende des Zweiten Weltkrieges wurde das Naturschutzgebiet wieder regelmäßig bewacht. Bei den Wärtern handelt es sich entweder um Studenten oder Naturfreunde, die für ein geringes Taschengeld die Betreuung übernehmen. Neben vogelkundlichen Beobachtungen gehört die Sicherung des Naturschutzgebietes gegen Störungen zu den Hauptaufgaben der Vogelwarte. Zwischen April und August ist das Betreten des Geländes verboten, doch ist die Umwanderung der Odde an der Wasserlinie erlaubt. An einigen Tagen in der Woche finden auch Führungen statt, um den Kurgästen einen Einblick in das Vogelleben der Amrumer Odde zu geben. Neben Austernfischern, Regenpfeifern, Eiderenten und Brandgänsen brüten vor allem Silbermöwen auf der Odde. Letztere waren früher nicht hier, und sie bereiten heute den Vogelwarten einige Sorgen. Denn Silbermöwen verdrängen die anderen Vogelarten, wobei sie sich auch auf den Raub der Gelege und Jungvögel schwächerer Arten spezialisieren.

Die Amrumer Pflanzenwelt

Die abwechslungsreiche Insellandschaft bietet uns eine Fülle verschiedenster Pflanzen. Schon unmittelbar am Meeresstrand und draußen auf dem Kniep zeigt uns die Inselflora ihre ersten Vertreter, hier wächst im reinen Seesand zwischen Muschelschalen die fleischige, grüne Salzmiere. Wo der Strand etwas höher ist, haben sich Binsenquecke und Strandroggen angesiedelt. Diese Pflanzen sammeln den wehenden Sand und sorgen für kleine Dünenbildungen, so daß weitere Pflanzen, Meersenf, Salzkraut und Strandmelde, einen geeigneten Lebensraum finden. Letztere wachsen auch häufig in der Angespülkante, die in großen Mengen die Samen dieser Pflanzen enthält.

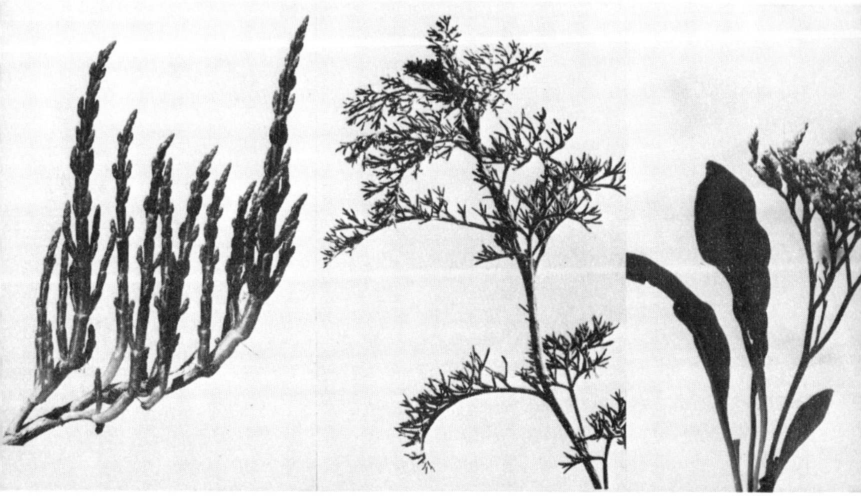

Pflanzen am Wattufer:
Queller, Strandbeifuß und Strandflieder

Pflanzen im Heidemoor:
Lungenenzian, Glockenheide und Wollgras

Pflanzen an der Strandkante und in den Dünen:
Strandplatterbse, Silbergras und Sandsegge, Strandhafer

Pflanzen auf Geest und Heide:
Dünenrose, Krähenbeere und Grasnelke

Auf den höheren Dünenkanten, die auch von Sturmfluten nicht mehr überspült werden und frei von Salzeinfluß sind, steht in dichten Büschen der Strandhafer. Dazwischen leuchten vereinzelt die violetten Blüten der Strandplatterbse. Der Strandhafer ist auch die dominierende Pflanze der Dünen. Tief wurzelt sie im Sande und vermag sowohl der Versandung als auch der Trockenheit zu widerstehen. Um die Verdunstung zu reduzieren, sind die langen, spitzen Blätter des Strandhafers eingerollt. Der Strandhafer gedeiht am besten dort, wo mäßige Versandung erfolgt. Auf den festliegenden, sogenannten »grauen« Dünen kümmert diese Pflanze. Dafür stehen hier Silbergras und Sandsegge.

Eingebettet in die Dünentäler liegen kleinere Flächen von Heide. Hier und da finden wir innerhalb der Heidesenken kleine Moore mit einer reizvollen Pflanzenwelt. Im Frühjahr blüht hier das Wollgras, und der Sonnentau leuchtet rot aus der grünen Moosdecke. Der Sonnentau, in zwei Arten auf Amrum vorkommend, ist eine fleischfressende Pflanze, die mit ihren klebrigen Rosetten winzige Insekten fängt, durch eine Flüssigkeit auflöst und verdaut. Auch der Sumpfbärlapp, ein Relikt der Eiszeit, ist hier zu finden. Im Hochsommer zeigt die Glockenheide ihre rosa Blüten, dazwischen stehen die azurblauen Kelche des Lungenenzianes oder die Büsche der Rauschbeeren mit ihren blauen Früchten. In der trockenen Heide beherrschen Heidekraut und Krähenbeere die Pflanzendecke. Hier und da stehen die Sträucher des Besenginsters, im Mai und Juni mit gelben Blüten geschmückt. Auch die echte Dünenrose ist noch an wenigen Stellen der Insel zu finden.

Geest und Ackerland bieten eine Pflanzenwelt, die auch von ähnlichen Lagen des Festlandes her bekannt ist. Doch hat Amrum eine besondere Kostbarkeit zu verzeichnen: – die Karthäusernelke.

Innerhalb der eingedeichten Marschen verwandeln verschiedene Blumen die grünen Wiesen während des Sommers in bunte Teppiche. Hier fallen uns vor allem die rosa Blüten der Kuckuckslichtnelke und die gelben Blüten der Hahnenfußarten auf.

Ganz anders ist die Pflanzenwelt jedoch draußen vor dem Deich oder auf den Wattwiesen. Hier wachsen Pflanzen, die gelegentliche Überflutungen vertragen, ja für ihr Dasein benötigen. Im Mai leuchtet das Wattufer von der Vielzahl der weißen Blütenköpfe

Stranddistel – selten und streng geschützt!

des Dänischen Löffelkrautes. Flach am Boden wächst das Milchkraut, Uferkanten und Grabenränder sind mit silbergrauem Strandbeifuß dicht bewachsen, und im Hochsommer liegt ein rosa violetter Schimmer des zahlreich blühenden Strandflieders über den Wattwiesen. Auch die Strandaster und der Strandwegerich sind hier nicht selten. Selbst draußen vor dem Ufer finden wir noch Pflanzen; – den Queller und das Englische Schlickgras, beide häufig vor dem Norddorfer Wattendeich, wo sie ein wertvoller Helfer für die Landgewinnung sind.

Einige Pflanzen, so der Lungenenzian und die neuerdings wieder ausgesäte Stranddistel, stehen unter Naturschutz. Doch sollte man auch den Schutz der anderen Pflanzen bedenken, die in einzelnen Arten durch hemmungsloses Abpflücken bedroht sind.

Seetiere

Nordsee und Wattenmeer sind Lebensraum einer vielfältigen und zahlreichen Tierwelt, die wir zum Teil auf Strand- und Wattenwanderungen entdecken oder angespült im Flutsaum finden. Der Flutsaum ist die Angespülkante des Meeres, täglich markiert er den höchsten Stand der Flut bzw. der Brandung.

Neben küstennahen Meerespflanzen, Algen und Tangen, sind vor allem Muschelschalen auf den Strand gespült, am häufigsten die Schalen der Herz-, Platt- und Tellmuscheln. Doch auch die Amerikanische Bohrmuschel, die Pfeffer- und Trogmuschel sind regelmäßig in der Angespülkante zu finden, ebenso die schwarzblauen Miesmuscheln und als größte die beiden Klaffmuschelarten. Muschelschalen sind Reste der Weichtiere (Mollusca), von denen wir nur wenige Arten in lebendem Zustande entdecken. Fast alle Arten leben unterirdisch, in Sand oder Schlick eingegraben. Nur Miesmuscheln und Austern machen eine Ausnahme. Offenbar gibt es vor der Amrumer Nordspitze noch eine Austernbank, denn hier werden regelmäßig Austernschalen angespült. An anderen Strandabschnitten sind diese knapp handgroßen, vielschichtigen Schalen seltener.

Neben Muschelschalen liegen auch die leeren Gehäuse verschiedener Schneckenarten am Strande. An der Seeseite Amrums fallen uns die Gehäuse der Wellhornschnecken auf, während am Wattufer Millionen der winzigen Wattschnecken angespült sind. Sie bilden hier oft einen dichten, kieselsteinähnlichen Belag. Ebenso ist die leere Behausung der Strandschnecke hier häufig.

Andere Antreibsel sind nicht so leicht zu erkennen. Bei den Büscheln des See- und Korallenmooses handelt es sich nicht um Pflanzen, sondern um Polypentiere. Während wir dann auf einem Stück Holz die verschnörkelten Gehäuse der Dreikantwürmer entdecken, zeigt uns ein anderes Holzstück die Bohrgänge des Pfahlwurmes, einer Muschelart, die hölzerne Schiffsböden oder Brückendalben völlig zerstören kann.

Der langgestreckte, kalkige Schulp des Tintenfisches, die schwarzbraune, mit vier »Beinen« versehene Eikapsel des Nagelrochens und die Eiballen der Wellhornschnecke sind weitere Dinge, deren Herkunft der Unkundige nicht errät. Während der Sommermonate werden zahlreiche Quallen angespült, am Am-

Muschelschalen am Strande

1 Große Sandklaffmuschel 2 Gestutzte Klaffmuschel 3 Herzmuschel 4 Große Bohrmuschel 5 Plattmuschel 6 Pfeffermuschel 7 Dreieckmuschel 8 Amerikanische Bohrmuschel 9 Trogmuschel 10 Miesmuschel 11 Auster Unten rechts Gehäuse der Wellhornschnecke

Funde im Flutsaum

1 Strandkrabbe 2 Eikapsel des Rochens 3 Schulp des Tintenfisches 4 Strandigel 5 Röhre des Köcherwurmes 6 Entenmuschel 7 Eiballen der Wellhornschnecke 8 Gemeiner Seestern 9 Kompaßqualle

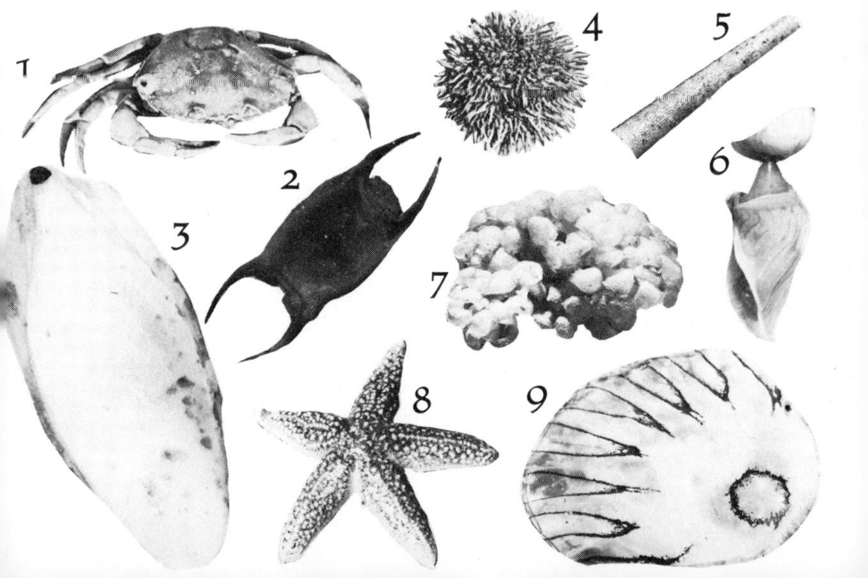

rumer Strand vor allem die blaßblaue Wurzelmund-Qualle und die gelbliche Kompaßqualle, die an ihrer kompaßartigen Zeichnung kenntlich ist.

Auch die etwa stachelbeergroße Kugelrippen-Qualle ist zu bestimmten Zeiten im Flutsaum zu finden. Doch fällt sie, da sie sehr klein und durchsichtig ist, kaum auf.

In manchen Jahren treiben unzählige Entenmuscheln an. Es sind Krebstiere, die auf schwimmenden Gegenständen leben, und zwar draußen in der Nordsee oder im Atlantik. Ungünstige Strömungen oder Winde haben sie an den Strand vertrieben, wo sie vertrocknen oder von Möwen gefressen werden.

Der Flutsaum ist der Friedhof der Seegetiere. Nur sterbend oder schon tot gelangen sie durch die Brandung auf den Strand. Der eigentliche Lebensraum beginnt aber schon unmittelbar in der Strandzone, dicht unter der Hochwassergrenze. Auf Buhnen, Brückenpfählen und anderen festen Gegenständen der Strandzone haben sich Seepocken verschiedenster Art angesiedelt. Dicht an dicht haben ihre Gehäuse den Untergrund überzogen. Seepocken sind Rankenfüßler, die zur großen Familie der Krebstiere gehören. Neben den Seepocken haben sich einige Strandschnekkenarten die Uferzone als Lebensraum erwählt, auch sie sind hier in großer Menge vorhanden.

Ein Stück hinaus, im sandigen Watt, bedecken merkwürdige Sandkringel den Boden. Es sind die Ausscheidungen des Pierwurmes, der in unschätzbarer Zahl im Wattboden haust, und zwar in einer U-förmigen Röhre, deren beide Enden zur Oberfläche reichen. An einem Ende saugt der Wurm den Oberflächensand an und kaut diesen durch, um die Nahrungsstoffe herauszusondern. Am anderen Röhrenende wird der durchgekaute Sand wieder zur Oberfläche herausgestoßen. Pausenlos bilden sich im Watt diese Häufchen. Interessant und vielfältig ist auch das Leben im seichten Wasser der Priele. Unter Tangbüscheln verborgen oder in den losen Sand eingebuddelt, warten Strandkrabben auf die nächste Flut. Garnelen huschen hin und her, und hier und da stehen daumengroße Seenelken. Sie erscheinen wie Blumen, es sind aber Tiere, die mit ihren Tentakeln, an deren Spitzen sich Giftkapseln befinden, winzige Fische betäuben und verzehren.

Auch Fische sind während der Ebbezeit im Priel zurückgeblieben. Aale aller Größen ruhen im Tang, ebenso kleine Seeskorpione und Steinpicker. Schollen und Wattbutt haben das flache, warme Wasser am Prielende aufgesucht und sich dort in den Sand gewühlt. An den Rändern der Priele siedeln sich mit Vorliebe Miesmuscheln an. Dicht an dicht bedecken sie den Boden, untereinander verbunden durch braune Byssusfäden. Diese Miesmuschelbänke (bei Wittdün, Steenodde und beiderseits der Amrumer Odde) sind wiederum Lebensraum für andere Tiere. Seesterne und Strandigel finden wir hier, ebenso die auf den Muschelschalen lebenden Pantoffelschnecken oder die zwischen Muscheln und Steinen stehenden Borstenröhren des Röhrenwurmes. Selbst Wellhornschnecken sind hier nicht selten. Sie graben sich jedoch bei Ebbezeit ein, so daß es einige Mühe kostet, sie zu finden.

Die Seetiere des freien Wassers lernen wir am besten durch einen Krabbenfischer kennen. Vom Frühjahr bis zum Herbst sind einige Büsumer Krabbenkutter im Amrumer Seezeichenhafen stationiert. Gegen entsprechende »Bezahlung«, Zigaretten oder Schnaps, erhält man die Erlaubnis, eine Fangreise mitzumachen. Im Morgengrauen tuckern die Kutter zu ihren Fangplätzen vor der Insel, schwenken ihre Netze aus und lassen sie zu Grunde. Etwa zwei Stunden lang werden die Netze langsam geschleppt, dann wird ein »Hol« gemacht. Das Netz wird an Deck gehoben und der »Steert«, der Fangsack, geöffnet. Der Fang prasselt auf die Schiffsplanken, – ein Durcheinander verschiedensten Getiers. Die Speisekrabben müssen heraussortiert werden. Übrig bleiben Dorsche, Blaufische, Wittlinge, Steinpicker, Aalmuttern, Knurrhähne, Seeskorpione, Tobiasfische, Seestichlinge, Heringe, Strandkrabben, Schwimmkrabben, Einsiedlerkrebse, manchmal kleine Tintenfische, Seenelken und noch vieles andere, was im Meere kriecht und schwimmt.

Seehunde

Seehunde und ihren Lebensraum lernt der Kurgast durch die regelmäßigen Ausflugsfahrten zu den Seehundsbänken kennen. Seehundsbänke sind Sandbänke im Watt zwischen Amrum und den Halligen sowie die großen Sände seewärts von Amrum.

Krabbenfischer im Seezeichenhafen

Hier am Rande der Sände liegen die Seehunde meist rudelweise, wobei sie ihre Plätze so wählen, daß sie bei Gefahr rasch einen tiefen Priel erreichen. Gefahr droht durch die Jagd, die zum Zwecke der Bestandsregulierung nach vorheriger Zählung des Seehundsbestandes zwischen Anfang August und Ende September von lizensierten Seehundsjägern oder deren Jagdgästen betrieben wird.

In den Sommermonaten werden auch am Amrumer Strand gelegentlich junge Seehunde gefunden. Dabei handelt es sich in einzelnen Fällen um sogenannte »Heuler«, nur wenige Tage alte Jungtiere, die vom Gezeitenstrom vertrieben wurden, während die Seehündin auf Nahrungssuche war. Bei Entdeckung eines »Heulers« muß der zuständige Seehundsjäger (z. Z. Helmut Tadsen, Nebel-Westerheide) benachrichtigt werden. Er wird das Tier zur Seehundsstation nach Büsum senden. Junge Seehunde am Strande sind aber nicht immer »Heuler«. Oft sind sie von der Seehündin nur zum Ruhen abgelegt und werden später wieder

Seehunde auf der Sandbank

abgeholt. Deshalb soll man junge Seehunde zunächst unberührt lassen und abwarten, ob das Tier am nächsten Tage noch auf der gleichen Stelle liegt und klagende Laute hören läßt. Erst in diesem Falle handelt es sich um einen »Heuler«, um den man sich nun schnell kümmern muß.

Winterliches Inselleben

Das Leben auf der Insel vollzieht sich in zwei grundsätzlich verschiedenen Abschnitten: Der geschäftigen Unrast der Saison zwischen Mai und Oktober folgt die Ruhe des Winterhalbjahres. Der Kurgast erlebt nur immer den einen Abschnitt, falls er nicht, wie es in den letzten Jahren Mode wurde, zwischen Weihnachten und Neujahr die Insel besucht. Kein Wunder, daß an den Einheimischen oft die Frage nach dem winterlichen Inselleben gerichtet wird.

Winter an der Amrumer Odde

Für viele Insulaner beginnt das ruhige Winterhalbjahr mit einem Urlaub in der Fremde, nicht zuletzt auf Teneriffa und in anderen Modebädern des Südens. Für diesen Zweck gibt es für die nordfriesischen Inseln eine eigene Ferienregelung für die Schulen. Die Herbstferien dauern durchweg drei Wochen, damit die Kinder mit ihren Eltern verreisen können. Die zusätzlichen Urlaubstage sind schon vorher an den anderen Ferien des Jahres abgezogen worden.

Der Oktober ist einer der schönsten Monate im Jahre. Warme, windstille Tage wechseln mit Stürmen, die das herbstbunte Land zausen und Wolkenberge über die Insel jagen, während Kniepsand und Strand wieder alleine dem Meere gehören.

Das Winterhalbjahr ist zwar eine Zeit der Ruhe, doch eine Zeit auch der Geselligkeit und der Feste. Schon Mitte Oktober gibt es einen ersten Höhepunkt, — die Treibjagd auf Fasane und Hasen, Kaninchen und Schnepfen. Zu diesem Ereignis versammeln sich nicht nur die einheimischen Jäger, auch vom Festlande reist manche Prominenz an. Denn die Strecken sind auf Amrum überdurchschnittlich gut. Die Jagd bleibt dann den Herbst hindurch Zeitvertreib und Leidenschaft vieler Insulaner. Andere vergnügen sich mit Fischfang für den Eigenbedarf, und am Strande treiben sich wie seit eh und je einige Strandgänger umher, dann und wann ist auch der Strandvogt mit Pferd und Fuhrwerk unterwegs.

Wenn alle Insulaner aus dem Urlaub zurückgekehrt sind, rüstet man sich zu den Festen. Wer die Geselligkeit liebt, ist jedes Wochenende verpflichtet. Gesangverein und Hegering und andere Vereine feiern ihre traditionellen Feste. Höhepunkt aber sind die »Feuerwehr-Bälle«, die reihum von den Inselwehren, deren es vier gibt, veranstaltet werden. Doch auch manche private Feier, für die in der Saison keine Zeit war, wird im Winterhalbjahr nachgeholt.

Eine Feier besonderer Art ist auch das Weihnachtsfest, weil es die Familien vereint. Auswärts lebende Insulaner und die Jugend, die auf dem Festlande in der Lehre oder in Arbeit steht, finden sich auf ihrer Heimatinsel ein. Das alte Jahr wird dann mit dem »Hulken« (siehe Seite 48) und Geselligkeit in den Wirtshäusern beschlossen.

Im Winterhalbjahr wird auch das Wesentlichste an Gemeindepolitik gemacht. Gemeinderatssitzungen wechseln mit anderen kommunalpolitischen Veranstaltungen. Der Landrat bemüht sich öfter zur Insel, dann und wann auch ein Minister.

Charakteristisch für diese Zeit ist aber auch der erholsame Müßiggang, das ruhige Leben auf der Insel. Kein Kurgast hält die Insulaner auf dem laufenden, und viele tun nur das, wozu sie gerade Lust empfinden. In der Regel sind das Reparaturen und Arbeiten am Haus und im Garten. Auch Behörden und Geschäftswelt treten durch eingeschränkte Öffnungszeiten kürzer. Nur die Handwerker haben weiterhin Hochkonjunktur, da allenthalben gebaut wird. Der eigentliche Winter stellt sich mit Frost und Schnee in der Regel erst im Laufe des Januars ein. Doch nur selten sind die Winter an der Küste so streng, daß das Wattenmeer völlig zufriert und damit der Verkehr zur Insel unterbrochen wird. Die letzten Eiswinter waren 1947 und 1956. Im Winter 1947 war die Eisdecke so stark, daß schwere Lastwagen zur Versorgung der Insel über Föhr zum Festland fahren konnten. 1956 war es kurze Zeit möglich, mit Autos nach Föhr zu fahren.

Weil ein Ausläufer des Golfstromes mit etwa 15 Grad plus in die Nordsee fließt und die Nordsee sommerliche Wärme aufspeichert, um im Winter die Wärme langsam wieder abzugeben, liegt die Temperatur auf den Inseln fast durchweg über dem Gefrierpunkt. Nur bei anhaltenden Ost- und Nordostwinden, die den Wärmeeinfluß des Meeres zurückdrängen, kommt es zu Eiswintern. Doch auf diesen gelegentlichen Ausnahmefall stellt man sich auf der Insel hinsichtlich der Versorgung von Lebensmitteln und Brennmaterial nicht ein.

Wenn in früherer Zeit die Versorgung und Verbindung durch Eis unterbrochen wurde, machten sich die Männer von Amrum auf, um in Kolonnen über das Watt nach Föhr zu marschieren, wo Nahrungsmittel und Post bereitlagen, — beides mit dem »Eisboot« vom Festlande geholt. Heute werden Hubschrauber für die Versorgung eingesetzt, falls die Verbindung zur Insel durch Eis unterbrochen wird.

So gehen die Monate des Winters mit Regen und Nebel, Windstille und Sturm, Eis und Schnee dahin. Für manche Insulaner, nicht zuletzt für jene, die sich bei den winterlichen Feiern finanziell verausgabt haben, dauert der Winter zu lange. Für andere ist er viel zu kurz.

Wenn am 21. Februar die Biaken (siehe Seite 48) abgebrannt sind, stellt man sich allgemein wieder auf den Sommer und auf Kurgäste ein. Während noch eifrig mit zimmersuchenden Kurgästen korrespondiert wird, beginnt der Hausputz und die sonstige Organisation für die nächste Saison.

Schrifttum

August Clausen: Streiflichter durch die Geschichte und Chronik nordfriesischer Seefahrer, Rendsburg 1969

Knut Jungbohn Clement: Lebens- und Leidensgeschichte der Friesen, Kiel 1845

Rolf Dircksen: Das kleine Amrum-Buch, Breklum 1936

Christian Peter Hansen: Chronik der Friesischen Uthlande, Garding 1877

Carl Häberlin: Die nordfriesischen Salzsieder – Föhrer Heimatbücher, Wyk 1934

Hinnrich C. Hinrichsen: Beiträge zur Auswanderung von Föhr und Amrum nach Amerika. Friesisches Jahrbuch 1961, Niebüll

Wilhelm Ide: Gesundheit durch die Nordsee, Sonderdruck, Itzehoe 1970

Johannes Jensen: Die Geschichte der Insel Amrum. In: Amrum-Geschichte und Gestalt einer Insel, Itzehoe 1964

Karl Kersten: Die Vorzeit der Insel Amrum. In: Amrum-Geschichte und Gestalt einer Insel, Itzehoe 1964

Theodor Möller: Der Friedhof von Nebel auf Amrum und seine alten Grabsteine, Neumünster 1928

Friedrich Müller und Otto Fischer: Das Wasserwirtschaftswesen an der deutschen Nordseeküste, Band Amrum, Berlin 1938

Wanda Oesau: Schleswig-Holsteinische Grönlandfahrt auf Walfischfang und Robbenschlag, Glückstadt 1937

Erich Pörksen: Leben und Wirken der drei Pastoren Mechlenburg, Breklum 1939

Georg Quedens, Otto Krahmer, Erich Pörksen: Das Seebad Amrum-Norddorf 1965

Georg Quedens: Amrum – Aus alter Zeit, Itzehoe 1968

Georg Quedens: Amrum erzählt, Itzehoe 1968

Georg Quedens: Nordsee-Natur, Heide 1968

Georg Quedens: Amrumer Abenteuer, Itzehoe 1970

Georg Quedens: Die Dünen von Amrum, »Nordfriesland« :Heft 6, 1967

Ernst Wilhelm Raabe: Eine Insel verliert ihr Gesicht, »Die Heimat«, Heft 5, 1963

Julius Schmidt-Petersen: Die Orts- und Flurnamen von Amrum, Husum 1924

Hans Voigt: Die Insel Amrum – Landschaft und Entwicklung. In Amrum – Geschichte und Gestalt einer Insel, Itzehoe 1964